班主任成长的三重境界

曹铭珍 ◎ 著

东北师范大学出版社

长　春

图书在版编目（CIP）数据

班主任成长的三重境界 / 曹铭珍著. — 长春：东北师范大学出版社，2020.10
　　ISBN 978-7-5681-7113-7

Ⅰ.①班… Ⅱ.①曹… Ⅲ.①班主任工作 Ⅳ.①G451.6

中国版本图书馆CIP数据核字（2020）第200010号

□责任编辑：邓江英　　　　　　　□封面设计：言之凿
□责任校对：刘彦妮　张小娅　　　□责任印制：许　冰

东北师范大学出版社出版发行
长春净月经济开发区金宝街 118 号（邮政编码：130117）
电话：0431-84568115
网址：http://www.nenup.com
北京言之凿文化发展有限公司设计部制版
北京政采印刷服务有限公司印装
北京市中关村科技园区通州园金桥科技产业基地环科中路 17 号（邮编：101102）
2022年6月第1版　2022年6月第1次印刷
幅面尺寸：170mm×240mm　印张：16　字数：250千

定价：45.00元

用智慧创收成果

　　班主任工作是一项专业性、实践性和艺术性很强的工作，具有情境性、复杂性和不可预见性。因此，在现实工作中，不少老师或不愿做班主任，或不会做班主任。来自粤西山区的广东省中小学名班主任、广东省中小学名班主任工作室主持人曹铭珍老师不仅热爱班主任工作，而且专注于班主任专业成长；不仅扎根于班主任工作的第一线，而且重视班主任工作的总结提炼，《班主任成长的三重境界》一书就是曹铭珍老师多年班主任工作实践和理论研究的成果。

　　本书有三个特点：其一，理念先行，积极反思。班主任工作是学校最基层的工作，学校所有工作的最后实施都是由班主任完成的。很多班主任忙于繁杂的日常工作，无暇进行理论学习和实践反思，日复一日重复昨天的工作，职业倦怠，工作低效或无效。曹老师认真研究班主任工作实践，探讨班主任工作规律，总结出班主任专业成长的三重境界，即思想篇、实践篇和反思篇。全书以先进的理念引领班主任工作实践，以丰富的实践提升班主任专业能力，以及时的反思总结班主任工作经验。朴实真诚的思想引领和生动具体的操作示范，给一线班主任指明了专业发展的方向提供了范本。其二，案例丰富，实践示范。一个班主任专业能力的提升，除了不断提升理论素养，更新教育理念，持之以恒地实践反思，还要积极借鉴他人的实践智慧，阅读案例是一个有效的方法。本书汇聚了一大批一线优秀班主任的教育案例，内容包括心理辅导、突发事件应急处理、家校合作等内容，这些都是班主任工作的常见问题，能给班主任们很好的实践示范。特别要指出的是，每个案例后面，都有深刻的反思和有效的指导。案例示范和反思指导都能给年轻班主任有益的启发与借鉴。其三，励志素材，方便实用。优秀班主任必须懂得积累，包括阅读积累和实践积累。因为这些积累都会融入血脉之中，成为有效的育人智慧。本书特别强调班主任工作的反思与积累，励志小素材的呈现正是一线名班主任善于积累、善于反思和善于实践的最佳印证，没有照搬照抄，都是优秀班主任的所读所思所得，符合班主任工作实践，实用性强，有利于班主任借鉴和运用。

班主任是学校中最小的官，也是最难做的官，却承担着天底下最大的责任。同时，班主任工作也是一项使人幸福的事业。几载潜心修炼，一路繁花盛开。曹铭珍老师通过辛勤、智慧和创新的劳动，收获了幸福，为我们奉上《班主任成长的三重境界》一书，向我们传递了班主任成长的三重境界，给我们班主任有益的智慧、借鉴和启示。特别期待本书能够激发班主任对于专业发展的热情和信心，提高班主任建班育人水平。

殷丽萍

广东第二师范学院教授、广东省中小学德育研究与指导中心副主任

2019年6月9日于广州

几载潜心修炼　一路繁花盛开

　　"定海神珍"，这是学生对曹铭珍老师的昵称，因为她善于观察与鼓励，只要有她在，学生就如同有了主心骨，吃了"定心丸"，学习也更有定力！在学生心中，曹铭珍老师就是这样一位重量级人物。

满腔热血耕耘路，倾情奉献育花人

　　曹铭珍老师毕业于1997年，毕业后被分配到一个边远的山区镇——云谭镇中心小学教毕业班。对于一个不到20岁的女孩子来说，从农村走了出来，有了比较稳定的工作，或许下一步就是结婚生子，然后过着平淡而稳定的生活。但曹铭珍老师偏不，她骨子里有一股"劲"。她通过脱产进修学习，完成了中山大学的本科学业，2004年，又读了在职研究生。此时的她，也从云谭镇中心小学，走进了高州市的百年学府——广东高州中学。

曹铭珍老师不仅把这股"劲"用在自身学识的追求上，更把它贯彻在班主任工作当中。曹铭珍老师常说："班主任工作虽然繁杂，但它也给我们提供了更多与学生相处的机会。用心陪伴学生成长，你会发现这是一段很奇妙的旅程！"

她始终秉承初心，爱生如子，因材施教，因势利导，关爱每个孩子，关注一个班级的健康成长，工作认真细致，不仅充满热情与活力，还付出满满的爱。当学生生病了，不管多晚，她都会从家里赶来，一定要亲自看望后才放心；当她发现学生有生活困难，她会悄悄帮着申请助学金，帮助学生渡过难关。

曹老师习惯用电影人物、名言名句、身边的榜样等对学生进行励志教育。每当遇到学习或生活上的困扰，学生都愿意围在曹老师身边听她耐心的指导；每转化一个后进生，曹老师都会欣慰地微微一笑……在曹老师的班里，常常是笑声一片。她就是这样有严有爱，有张有弛，有方法，有原则，在她的身上，你总能感受到那源源不断的正能量影响着你，改变着你。或许，这就是"定海神珍"的个人魅力所在吧！

一路高歌勤修炼，笔耕不辍教研人

曹老师特别喜欢写随笔，写教育反思，她把教学生活中的点点滴滴都写下来。她说，这是她的"武功秘籍"。翻开她的笔记本，里面清晰地记录了每一个学生的成长过程，工工整整，分门别类，有"尖子生的培养""中等生的厚爱""后进生的转化""班干部培养"等，案例内容翔实，非常实用。

"当然，积累后要反思，要勇于实践，灵活运用，不能机械照搬。"曹铭珍老师不时提醒身边的年轻老师。为此，她创设了交流平台，与老师、学生一起，共同研究、探索并践行一些新的教育方法。同时，她也利用平台撰写、积累教育案例，发表自己的心得体会。这些，让她变得更加成熟与睿智。

此外，曹老师还非常注重从书本中吸收知识，锻造智慧。她总是说，站在巨人的肩膀上看风景，会看到更多更远的美景。

20载的教学历程，曹铭珍老师用经验做教材，用手中的笔做记录，积累案例、学例，努力探索属于自己的教学方法，撰写了大量的论文，在教研的道路上，她收获了风景无数。

倾力打造工作室，真情真心引路人

　　对曹老师来说，2014年是特别的一年。当她得知茂名市开始申报名班主任工作室的时候，她觉得这是一个机会，一个提升自我及培养年轻教师的好机会！于是，她开始收集资料，撰写材料，并将它们复印、打印、修改，当万家灯火时，曹老师办公室的灯还在亮着。终于，曹铭珍被评为茂名市首批名班主任工作室主持人，2015年又被评为广东省名班主任工作室主持人。她说："很多年轻班主任，他们有激情，有能力，我仿佛看到了当年的自己。我愿意用积累的经验引导他们摸爬滚打，我愿意提供这样一个平台，帮助他们更快地成长。"

　　作为一名德育先进工作者，曹老师的育人不仅体现在对学生的教育上，更体现在对青年教师的指导和帮助上。工作室的活动从招纳贤才到揭牌成立，从制订计划到具体实施，从工作研究到带动辐射，处处可见曹铭珍老师那夜以继日、废寝忘食的身影；那一次次"请进来，走出去"的培训，那一场场精心筹备的"研讨、交流、论坛、分享"等，都印证着曹铭珍老师为成员、学员的成长倾注的心血和爱。她常对学员说，要多走出去学习，博采众长才能快速成长。她就是这样，随时随地都愿意把自己的经验拿出来跟大家分享，并默默地引领学员们成长。

　　"躬行教书育人无怨，践履为人师表无悔。"曹铭珍老师实践并坚守着育花人的信念与梦想，在教育的园圃中默默耕耘，以朴素的情怀播撒爱与希望的种子，以自己辛勤的汗水和心血谱写出一首生命的赞歌。在属于她的这一片美的天地，精心育群花，终得姹紫嫣红，芬芳无限！

刘小凤

广东省中小学名班主任曹铭珍工作室成员

2019年6月5日

王国维在《人间词话》中说："古今之成大事业、大学问者，必经过三种境界：'昨夜西风凋碧树，独上高楼，望尽天涯路'，此第一境也；'衣带渐宽终不悔，为伊消得人憔悴'，此第二境也；'众里寻他千百度，蓦然回首，那人却在，灯火阑珊处'，此第三境也。"我们做班主任何尝不是这样呢？

谁都知道做班主任的苦与累。面对种种压力，作为班主任如何更好地提升自己的智慧，在日常的班主任工作中能有的放矢或能有效处理班级管理问题成为目前急需解决的事情。为此，我便以名班主任工作室为平台，通过成员之间相互碰撞、交流、分享，并结合自己20年来担任班主任的经验，运用一定的方法进行处理，最后使问题得到解决。不管是成功抑或失败的案例，都将其收集积累起来，进行分类，总结感悟，从而得出教育教学过程中班主任成长历程的宝贵经验，而这些经历正像王国维所说，历经三重境界，然后我把这些经历汇聚写下此书：一是思想篇——思想与追求；二是实践篇——实践与智慧；三是

反思篇——反思与研究。从这几方面入手影响班主任，启发班主任如何把自己培养成为一位有智慧的班主任而不断实践。

另外，本书也收集了案例反思和励志小素材，成为第四部分素材篇——案例与励志，这些教育案例中的教育方法实用性强，行之有效，一线的班主任可以拿来就用，这为一线的班主任特别是山区班主任提供借鉴的范本，也激发年轻班主任更快、更实地成长。

做班主任，累；做成功的班主任，又苦又累；做能实现王国维所阐述的三重境界的班主任，苦、累、难！成功决定于心态！我衷心希望做老师就要先做做班主任，步入第一重境界，锤炼自我；实现第二重境界，分享成功的喜悦；当然，更希望有更多的老师能超越自我，达到第三重境界，传递内心的和谐。

目录
CONTENTS

素材篇：案例与励志

思想篇：思想与追求

王国维认为治学第一境界："昨夜西风凋碧树，独上高楼，望尽天涯路"，原意是说："'我'上高楼眺望，所见更为萧条冷落的秋景，西风黄叶，山阔水长，案书何达？"而转换为做学问时的境界可理解成：做学问成大事业者，思想要先行，要有执着的追求，登高望远，勘察路径，明确目标与方向，了解事物的概貌。这一点与我们做班主任可以互通，其实做班主任有思想、有追求甚为重要。

一、班主任思想理论的理解

思想是客观存在的反映在人的意识中，经过思维活动而产生的结果，是人类一切行为的基础，一般也称"观念"。而我认为班主任的指导思想应该是做一个有心的班主任。

做班主任先从思想说起，思想是主宰一个人前进的动力，思想在，活力就在。做教师，一定要当班主任。原因有以下几个方面：

在所有行业当中，没有哪个行业像教师这样边教学边提升能力，所谓教学相长，教育学生的同时，自己也往好的方向发展；

在所有行业当中，没有哪个行业是用培养人来积累经验的，培养了学生，同时也可用积累的经验培养教育自己的孩子；

在所有行业当中，没有哪个行业生产的产品是可以有回报的，学生有作为、有成就，成为对社会有贡献的人，老师的人生价值亦在于此！

正因为这样，我时常以此来作为一把钥匙开启我的心灵之窗，去寻找当教师的真正的幸福和乐趣！

著名特级教师魏书生说过："教师的工作是在学生的心灵里开辟一片绿地，播撒上真善美的种子。"如果由于我的存在而多了一颗真诚、善良、美好的心灵，那我便获得了人生的幸福，有了一份生存的价值。虽然我们一辈子可能默默无闻，当不了名人，但是名人头上的光环、胸前的奖章，一定有我们做老师的一半。

苏联教育家苏霍姆林斯基说过："请你记住，你不仅是自己学科的教员，而且是学生的教育者、生活的导师和道德引路人。"

同时我还有感于李凤遐老师所说，她说："当一辈子老师，做一辈子班主任，深爱老师的职业，不爱就请离开。"对这句话，我是这样理解的，有机会，爱一行，干一行；没机会，干一行，爱一行。因此，我们不能"选你所爱"的，那就"爱你所选"的。

我们要做一个有心的班主任，这里重在有心，从心开始。心是跳动的，倘若我们这颗心是炽热的，我们的热情就会保持不变。所以做好班主任要从武装自己的思想开始。

二、班主任思想变化的历程

我们所处的时代是创新的时代，创新的时代需要大批创新型的人才，而班主任又是学校的主心骨，一所优秀的学校一定有一批优秀的班主任，所以作为班主任，思想不能一成不变，必须积极向上，向创新型人才靠拢。

人的思想不是时时都那么先进、积极的。我回顾做班主任的生涯，思想是有变化的，前后经历了四个阶段，后来我给这些变化的阶段起了名字，特为纪念。

第一阶段："传话筒"

传，传达。即只知上传下达，为做事而做事，劳而无功，此时的学生群而哄之。当时初为人师的我就是这样，学校叫干啥我就干啥，没有自己的思想。

第二阶段："警探型"

警，警察；探，探视。即眼睛像显微镜一样寻找学生的缺点，像放大镜一样强化学生的缺点，像墨镜一样无视学生的优点。此时的学生畏而从之。毕业两年后的我，眼中容不下一粒沙，感到做班主任很累。

第三阶段："保姆型"

保姆，看管。即辛辛苦苦像个保姆，任劳任怨像老黄牛，包办代替像老妈子，此时的学生怜而从之。这个阶段的我，怕出问题，故管得过严、过细、过全，什么事都包办，没给学生发展的平台。

第四阶段："智慧型"

智慧，头脑灵活。即集学识、经验、人格、魅力于一身，变管理型为服务型，此时的学生敬而服之。经过多年的实践，我重新思考，重新定位，我已变得亦师亦友亦父母。

回想这些做班主任的历程，我庆幸自己没有放弃，没有随波逐流，得过且过，而是积极思考并付诸行动。

三、班主任积极思想的重要性

歌德云："我们的生活就像旅行，思想是导游者；没有导游者，一切都会停止。目标会丧失，力量也会化为乌有。"

当你做班主任的思想明确了，你就会先了解班主任的一些理论知识，而不是像无头苍蝇一样乱闯。

（一）职责与任务

任班主任之初，我会先了解班主任的基本理论。例如，《中小学班主任工作规定》对班主任任务做了明确规定。班主任的基本任务是：按照德智体美全面发展的要求，开展班级工作，全面教育、管理、指导学生，使他们成为有理想、有道德、有文化、有纪律、身心健康的公民。

《中小学班主任工作规定》节选

第八条　全面了解班级内每一个学生，深入分析学生思想、心理、学习、生活状况。关心爱护全体学生，平等对待每一个学生，尊重学生人格。采取多种方式与学生沟通，有针对性地进行思想道德教育，促进学生德智体美全面发展。

第九条　认真做好班级的日常管理工作，维护班级良好秩序，培养学生的规则意识、责任意识和集体荣誉感，营造民主和谐、团结互助、健康向上的集体氛围。指导班委会和团队工作。

第十条　组织、指导开展班会、团队会（日）、文体娱乐、社会实践、春（秋）游等形式多样的班级活动，注重调动学生的积极性和主动性，并做好安全防护工作。

第十一条　组织做好学生的综合素质评价工作，指导学生认真记载成长记录，实事求是地评定学生操行，向学校提出奖惩建议。

第十二条　经常与任课教师和其他教职员工沟通，主动与学生家长、学生所在社区联系，努力形成教育合力。

在学习过程中，我不断地思考、探索，进一步总结出自己作为班主任应具备的基本功有哪些。

1. 班级建设的基本功——班集体建设

组织建设——干部队伍

制度建设——基本保障

文化建设——班级灵魂

班级活动——教育载体

班集体的最大特点就是具有教育功能。

2. 学生教育管理的基本功——学生管理

行为规范教育——制度和评价

心理健康教育——人际和学习

理想信念教育——目标和信仰

突发事件处理——升温和降温

3. 教师资源整合的基本功——学科教师管理

推介学科教师——特长和特点

支持学科教师——帮助和支撑

团结学科教师——沟通和包容

激励学科教师——表扬和鼓励

4. 家庭教育指导的基本功——学生家长管理

道德教育——做人第一

榜样力量——言传身教

独立成长——自我管理

方式方法——适时激励

（二）班主任日常的基本工作

（1）要有明确的目标。

（2）要制定规章制度。

（3）要建设骨干队伍。

（4）要营造舆论环境。

（5）要形成良好的班风。

（6）要开展多种活动。

（7）要树立各种典型。

（8）要培养集体荣誉感。

（9）要转化问题学生。

思想是行为的先导，班主任的思想决定着班主任的行为。班主任拥有乐观积极、正确的思想是成为智慧幸福型班主任的基础，也是班主任成功的决定性因素。

例如，目前班主任对学生使用手机频繁的现象最为困惑，班主任也许第一次看到会提醒，第二次批评，第三次请家长，但结果无济于事。第四次便会埋怨学生，甚至产生撒手不管的心理……

相信这是多数班主任的做法。这种思想的产生是正常的，倘若让这种思想主宰着你，一味地埋怨，试问：你还会想其他办法吗？能解决问题吗？能幸福快乐吗？这样的事情在班级里时有发生，倘若任由事情发生而不去想办法解决，作为班主任肯定会越来越辛苦。

做新时期的班主任真的很难：学生思想复杂、顽皮，且教育安全责任重大。在这个工作过程中，我们难免很辛苦，也有许多不情愿，但既然学校信任你，安排了班主任工作，倒不如思想上乐观点，要相信自己总有解决的办法，再坚持一下，只要有信心，不放弃，努力想办法，问题总会解决的。正如巴尔扎克所说："一个能思想的人，才真是一个力量无边的人。"

四、影响班主任积极思想的因素

法国文学家罗曼·罗兰说过："要播洒阳光到别人心中，总得自己心中有阳光。"有什么样的班主任就会带出什么样的学生。因此，我认为影响班主任积极思想有如下的因素。

（一）内心充满阳光

阳光，是做人的心态。倘若要带出一个有爱的学生集体，那么班主任首先要做一个心中充满阳光的人。因为内心阳光、有激情，学生才会喜欢。

我在做班主任时，阳光伴我行。我为自己种下了三颗种子，引领自己时刻充满阳光，而这三颗种子都是我在阅读中收获的。《美丽的人生》告诉我：

世界是美丽的，尽管有污浊；《霍乱时期的爱情》告诉我；人与人之间是美好的，尽管有战争；《金字塔原理》告诉我；自己是美好的，尽管每个人都有自己的看法。

正因如此，每每出现不良或遇到不如意的状况时，我都会保持阳光的心态，很多问题自然迎刃而解。因为心中有阳光，生活才会处处充满阳光，所以爱工作，爱学生，爱生活；因为心中有阳光，才会在忙碌的教育中保持平和的心态，始终快乐地工作着；因为心中有阳光，才会处处有发现，处处有感悟，时时有激情；因为心中有阳光，才会用诚心和爱心把自己的教育事业演绎得更加精彩！

一个内心充满各种不良情绪的班主任，我们难以想象，他能给予学生怎样的爱。这就充分说明智慧的班主任要善于调节自己的情绪，内心充满阳光，以积极乐观的心态投入班主任工作中，这样工作才不累。

（二）行为持之以恒

"水滴石穿"是个真理。班主任会遇到这种情况：学生违纪，批评他时，他会很虚心地随声附和，可一出办公室的门他就把你的话当作耳旁风……

所以，作为班主任要有一颗忍耐之心，能在关键时刻忍受常人不能忍受的痛苦，困难再大都必须坚持，永不言弃。例如，对学生教育前就必须有思想准备：教育学生，就算不被接受，教育还得继续，而且明明知道多次教育对他是看不到任何效果的，但你仍然不可以因此而放弃——只能把这一切都当作对你的考验，如此才能取得成果。所以说，教育不可能是无效的，只是它的有效性表现方式不同、时间不同。也许，当学生有了良好的改变，你已经根本不知道他在哪里了。作为班主任的你如果没有这种耐性，那么你就永远都会处于埋怨当中……相信教育有阳光，拥有激情是基础，关键是要持之以恒。

（三）善于调节自我

格拉塞认为："一个人负责任行为的内在动力源于爱和价值感需要的满足。"如果这两种需要得不到满足，个体常会为自己的不合适行为寻找借口来否定现实，借以逃避自己所应承担的责任。面对现实，班主任学会调节自我尤为重要。

如何调节？每天我都会问自己三个问题：我此刻的想法怎样？我的感受如何？我的心情如何？审视自己的情绪，坦然面对并接受，然后做好应对。

另外，我还借助外物来调节情绪。

1. 看书，借助名言警句自我熏陶

例如，受挫时来一则海子的《面朝大海，春暖花开》陶冶自己。他这样写道："从明天起，做一个幸福的人；喂马，劈柴，周游世界；从明天起，关心粮食和蔬菜；我有一所房子，面朝大海，春暖花开。"

埋怨梦想不能实现时，读读这段话，一位法国盎格鲁主教的遗言："当我年幼时，充满无限的幻想，我梦想着要改变世界。当我长大一点，我发现世界不会改变，我决定放短我的目光，去改变我的国家。但是，国家好像也不可以改变。到了暮年，我决定做最后的尝试，我只要改变我的家人，那些与我最亲近的人。然而，他们也不曾改变。现在，我的生命快要结束，我突然醒悟到如果我首先改变了自己，然后通过以身作则，我可能改变我的家庭。而受到他们的鼓励，我可以使得我们的国家变得更好一些；说不定，我还可以改变整个世界。"

烦恼时想想魏书生的《多改变自己，少埋怨生活》一文中的句子："人人从改变自己做起，外界就一定发生变化。埋怨外界不好，常常是自己不好；埋怨别人太狭隘，常常是我们自己不豁达；埋怨环境太恶劣，常常是我们自己没能力，主观努力不够；埋怨学生难教育，常常是我们方法少。"警醒自己。

2. 读笑话、听故事自我安慰

例如，心理不平衡时，可以听听这个故事：从前，有个老太太，大女儿一家靠卖雨伞维持生计，小女儿一家靠卖草帽维持生计。晴天，老太太为大女儿卖不出雨伞而焦急万分；雨天，老太太为小女儿卖不出草帽而茶饭不思。路人劝慰她："您怎么不换个角度呢？天晴的时候，小女儿生意兴隆；下雨的时候，大女儿财源广进。你真是有福之人啊。"老太太豁然。

故事听完了，我也感悟了，我常想：我不能左右天气，但我可以改变心情，起码，我不用日晒雨淋，我还有一班爱我的学生。所以当你无力改变客观世界的时候，你可以调节内心的主观能动性来改变自己的心情。快乐是一天，痛苦也是一天，我们何不快乐地过每一天！"家财万贯，一日不过三餐；广厦万间，夜眠不过三尺"，作为教师，尤其作为班主任应乐在其中，这样心理自然得到调节。

又如，当工作中受委屈时，可读这则笑话：鸡向牛诉苦说，人类总是让我们多下蛋，他们却计划生育，这多不公平啊！牛说，你这点委屈算什么，有那么多人喝我的奶，可有谁叫过我妈吗？（呵呵一笑，委屈也就没了！）

当有年轻班主任发牢骚，进步不快时，可随手拈来一则寓言讲给他听：唐朝有一头驴和一匹马一起干活。后来，唐僧去西天取经，马被选中一同前往。多年后，马取经回来，驴十分羡慕，说马你真幸运啊，走了那么多路，长了那么多的见识，功成名就了。马说，其实这几年来，我们走的路是一样的，只是你一直在原地踏步，而我一直向前，所以学习了很多。看，这比喻够经典，班主任工作就是这么回事，要实干，也要巧干。

3. 寻找成功的燃点

燃点是激发自我激情的种子，当我们平时遇到难以克服的困难时，不可操之过急，可以为自己的工作定个目标来调节自我。例如，有个班级学生上课睡觉一片，迟到一堆，玩手机、看MP4，无心学习已"名声"在外。对于此，要改变，就可拟定最初工作的目标：迟到少一点，睡觉少一点。然后开学第一周，每天我早早到教室做记录，坚持一周，静观其变；第二周我深入了解，给迟到、睡觉的学生一个提醒；第三周我让迟到、睡觉的学生自己订计划，这个问题让他们自己来解决。目标落实了，有成功点，自然思想会进步。

4. 利用迁移法转换情感

教育不是一成不变的，情感也是千变万化的，而单一的调节一时难解闷，最好能利用迁移法转换情感。比如感受家人一起生活的幸福，与科任老师共同分享学生呈现的乐趣等。所以当遇到不快时，可以通过与家人、朋友聊天，倾吐心中的不快，也可以将闲情雅趣作为迁移情感的载体。有时还可以潇洒地挥霍一次，尽管手头有点拮据，也要舍得买些自己喜欢的书，买件心仪的衣服，还可以与家人、朋友一起去吃顿饭、逛逛街、看看电影、游山玩水等。这种情感的迁移法必将让你变得开朗、乐观，自然也会为你的生活增添几分情趣。

小结

总之，班主任的工作是良心活儿，既繁杂又费时。我们要充满自信，积极上进，乐于接受，挑战班主任这项工作。

正如华中师范大学教育学院博士生导师郭元祥教授提出的教育人生（educational life）的观点，即教育中的人和与教育有关的人，特别是教师自己，不再把教育仅仅作为一个职业、一项工作、一件事情来看待，来处理，而是当作自己人生的一部分来对待、来体验、来充实、来完善。有为才有位，我们要端正思想，做个有心的班主任。

思想积极，追求上进，你就会想方设法把班级带好，此为班主任的第一重境界。

实践篇：实践与智慧

王国维说："成大事业、大学问者，不是轻而易举，随便可得的，必须坚定不移，经过一番辛勤劳动，废寝忘食，孜孜以求，直至人瘦带宽也不后悔。"

班主任打造一个具有一定班级文化特色的班级不是一朝一夕，一蹴而就的事，它需要时间的考验和经验的积累。对于班主任而言，把每一件小事做好就是不简单，把每一件小事做实才是真教育，把每一件小事做精才是新教育。也就是我说的"做小事，做实事，做新事"，不过这些一定要建立在实践活动中，熏陶、感化学生，不断地碰撞、积累，聚集智慧，最终培养出一个好带的班级，这是班主任的第二重境界。

一、班主任智慧内涵的理解

智慧两个字内涵深刻，意蕴丰富。

智：上知下日，即知识、技能和能力的掌握；时时学习，终身学习；知之为知之，不知为不知，是知也。智是方法论，是共同的战略，偏重于理性，可学。

慧：双丰一灵心为基础，即从"心"，思考的地方；从"灵"，具有灵气，即思维的敏捷度和创造性。双"丰"，为思考周全，即思维的全面性、深刻性。慧是方法，是带有个人风格的战术，偏重于感性，可悟。

可学，可悟，乃为智慧也。

在实际生活中，怎样才算有智慧呢？比如对于问题学生的惩罚，我们不能硬着来，要因学生具体情况和具体问题具体分析，有时直接开门见山批评学生，有时含蓄捕捉时机，有时把问题抛给学生让其自己思考等，这样就可把学生的问题在萌芽状态解决。

对处理学生使用手机的问题我是这样做的：有批评，有惩罚，但更多的是正确疏导。现在的学生不可能没有手机，你也不可能一下子叫学生不带手机，这不切实际，故只能先引导他合理使用，一步一步来，如上课期间关机。

但有一次我又是这样处理的：有个学生玩手机非常入迷，一连几次他被抓到上课玩手机，抓一次我就跟他谈一次，而且每次他都很清楚自己在做什么，也很诚恳地承认错误，并表决心上课不再玩。但每次我还没有走出门口，他又控制不了自己，情不自禁玩起来。三次过后，我跟他约定好，如果他再玩手机，我看到就会让他丢掉手机，结果第三天我又发现他玩手机。我叫他拿出手机来，他自己一下子就把手机丢到教室围墙外面了。然后，我立刻问他手机多少钱，我要赔他钱，他说很旧了的，不用了。我再问，他吞吞吐吐地说200元，我给了他钱，他不拿，低着头灰溜溜地离开了。我继续观察这个学生的变化，避免他情绪不稳定，有其他过激行为。不过这次很有效，一直到高考都没有再看到他上课玩手机，也许这就是智慧，适时适地地成功处理了偶发的事件。

二、班主任教育智慧形成的途径

蒙田说："人要有三个头脑，天生的一个头脑，从书中得来的一个头脑，从生活中得来的一个头脑。"

教育智慧的形成不会一蹴而就，而是经过长期的学习、实践、总结汇聚而成的。在这个过程中，我们必须先学会包装自己。所谓的包装，就是把自己培养、造就成一名智慧型班主任。除了接受正规的知识、能力、价值观等方面的培养外，更多的要靠个人长期不懈的自我修养与实践积累，从而聚集成自我的智慧，包括个人阅读，对生活经历与教育教学经历的感悟与反思，对人际的洞察与思考，以及勤奋写作、精于研究，等等。如果没有这些经历和过程，是不可能成长为一名真正的智慧型班主任的。

如何包装自己呢？简单地说就是阅读—实践—积累—实践的过程。但真正要拥有智慧，必须靠实践行为的持之以恒。

（一）阅读，即勤于读书

勤于读书，汲取他人的智慧。班主任读书要多，肤浅地说这是班主任工作的需要；深入地说这是班主任专业化发展的前提；高层地说这是班主任成就事业的必修；更高境界地觉悟，这是班主任智慧形成的途径。张万祥先生云："每个班主任心中要装有100个故事、100句格言，逢境育人，逢情开导。"班主任读书要讲究方式：要泛读，即博览群书；要精读，即读教育学、心理学、管理学等与班主任工作密切相关的书；要读专业经典的书。

优秀的班主任读书量每年至少10本。当然阅读不分你我，不分时间，不分地域，有时间、有兴趣就读，陶冶自我。读什么？我总结了一下，分为以下几类。

1. 基本著作

《帕夫雷什中学》（苏霍姆林斯基）、《班主任工作漫谈》（魏书生）、《爱心与教育》（李镇西）、《有故事的班主任更幸福》（叶立华）、《中小学班级常规管理》（田恒平）、《高考心理辅导》（郑晓边）、《做最好的班主任》（李镇西）、《你能做最好的班主任》（陈宇）、《第56号教室的奇迹》（雷夫·艾斯奎斯）、《班主任兵法》（万玮）、《做一个专业的班主任》（王晓春）、《致青年教师》（吴非）。

2. 专题著作

主题班会类：《打造魅力班会课》（丁如许）、《魅力班会是怎样炼成的》（杨兵）、《当代中学生最需要的主题班会》（冯卫东）。

方法技巧类：《小班级 大教育》（贾高见）、《班主任工作艺术一百例》（李庾南）、《一个学期打造优秀班集体》（钟杰）、《班主任工作创新艺术100招》（张万祥）、《班主任工作招招鲜》（郑学志）、《做一个智慧的班主任》（田恒平）。

3. 教育报刊类

班主任的三刊一报：《班主任》（北京教育科学院，邮发代号82—799）；《班主任之友》（湖北第二师范学院，中学版邮发代号38—64；小学版邮发代号38—217）；《湖北教育（新班主任）》（湖北教育，邮发代号38—907）；《德育报》（山西，班主任版，邮发代号21—85）。

4. 教育学、心理学类

教育经典类：《育人三部曲》（苏霍姆林斯基）、《给教师的建议》（苏霍姆林斯基）、《陶行知教育文集》（陶行知）、《孩子们，你们好！》（阿莫那什维利）、《窗边的小豆豆》（黑柳彻子）、《民主主义与教育》（杜威）、《教学机智》（马克斯·范梅南）、《教育漫话》（洛克）、《夏山学校》（尼尔）。

家庭教育类：《发现母亲》（王东华）、《好妈妈胜过好老师》（尹建莉）、《开启孩子天赋的好妈妈学校》（陈庆惠）、《父教力度决定孩子高度》（孙云晓）、《我的事业是父亲》（蔡笑晚）、《早期教育与天才》（木村久一）、《斯波克育儿经》（斯波克）、《孩子，把你的手给我》（吉诺特）。

（二）积累，即乐于积累

乐于积累，收集智慧的素材。积累实际上就是搜集和积累自己的教育教学经验，记录教育的过程，也是总结提炼自己教育智慧、教育艺术的过程。班主任所面对的学生每年都在变，面对的学生问题也是层出不穷，班主任要想管理好班级，那么班主任的工作就应具有持续性的智慧支撑。而这些智慧就来自班主任工作中的日积月累。

班主任应该在日常工作中积累哪些材料呢？

可以是日常阅读书籍中的一句经典话语、一句富有哲理的名言警句，可以是一起突发事件处理后瞬间感悟的真实记录，也可以是旁人口中不经意的人生箴言，还可以是一个触动心灵的感人故事。总之，素材林林总总、普普通通，可到了一定时间，看起来很普通很寻常的东西，都可能成为属于你自己的"教育文物"：文字、照片、视频……这些细心积累的"文物"我们应该分类保存。

可以是与学生一起开展的班级活动、生活点滴，如主题班会、班级文化、日常竞赛活动等；可以是学生成长的故事，包括已毕业的学生；可以是自己成长的经历，如案例、游历等。

积累汇聚教育智慧，一旦有了智慧，班主任处事就会冷静，不会急得像热锅上的蚂蚁那样团团转。当然，班主任的智慧形成没有捷径可循，只能靠班主任在日常工作中点滴积累，积累的过程自然脱离不了实践，在实践中不断碰撞、摸索，然后总结，得出智慧。

正如魏书生的观点："创新必须建立在量的积累上，必须付出汗水和艰辛的劳动。"

（三）实践，即踏实干事

踏实干事，就是想方设法把班带好，培养学生全面发展。

要管好一个班级，不是轻而易举的事，特别是做当代的班主任，更是要跟学生斗智斗勇。曾经网络有这样的说法，新时代教师标准：上得了课堂，跑得了操场；批得了作业，写得了文章；开得好班会，访得了家长；劝得了情种，管得住上网；解得了忧伤，破得了迷惘；Hold得住多动，控得住轻狂；受得了奇葩，护得住低智商；查得了案件，制得住嚣张。所以作为班主任，我们要有点"料"，有点"爽"，有点"严"，这就是智慧的至高境界。而我开始做班主任时，都会先梳理头绪，思考工作思路：我为谁做？做些什么？怎样做？接着我会根据实际情况定下管理班级的理念：用热情去工作，用真诚来沟通，用人格魅力育栋梁。然后拟定班级发展目标：营造和谐幸福"家庭式"班级。最后在班级建设中实施"三心教育"：一是树威信，显魅力，此为用心；二是善观察，巧沟通，此为细心；三是多赏识，妙励志，此为慧心。这样在班级中对学生开展有效的情感教育和扬志教育，班主任在工作中便会有的放矢。

三、班主任带班的实践宝典

班级是班主任施展才华的舞台，如何出色地管理好一个班级，让班级产生凝聚力，学生充满活力并健康快乐地成长，班主任也乐在其中，这体现了班主任的魅力与智慧。

我担任班主任时，给自己定下了奋斗的目标，同时也为班级的成长拟定了目标——营造和谐幸福的"家庭式"班级。班级目标的实现，最关键的一点是以活动为载体，在活动中彰显乐趣。班级文化建设活动层出不穷，如做班牌、制班歌、定规矩等。

班级文化建设

活动能感化学生，所以开始之初，我先让班级学生明确班级发展方向，让学生知道何为"家庭式"的班级。例如，"家庭式"班级承载着一种境界——幸福，层层落实开展各项活动，理论先行。

第一层：建立班级生活的日常基本秩序。

第二层：营造班级良好的学习氛围。

第三层：逐渐打造集体凝聚力。

第四层：努力使每个学生得到发展。

第五层：始终关注学生的精神生活。

这种班级外显有规，内涵有德。

具体再细化、明确班级的各方面工作：

（1）班级优良学风的要素：有序的课堂纪律，铁的自习纪律，以身作则的出勤，团结合作的学习氛围。

（2）打造一支得力的班干部队伍：分工细致明确，为每一位班干部搭建"表现"的平台和机会，树立典型的核心力量，注重表扬促进，进行到位跟进教育。

（3）分层次、定对策管理学生：团结一批，感动一批，同化一批。

所有这些理论落实到实践中，最关键的是班主任要学会激发学生的内驱力。怎样激发学生的内驱力呢？说通俗一点，就是我在实践中运用的"三心教育"的实施过程。

（一）树威信，显魅力——此为用心

班主任魅力、科任老师魅力、班干部的魅力等都很重要，特别是班级教师的魅力。

如何树立班级教师在学生中的威信呢？

1. 彰显班主任的人格魅力

人格魅力是指一个人性格、气质、道德品质、能力等方面能吸引人的力量。班主任的人格魅力由知识常识、个性气质、谈吐举止、道德素养等方面构成。目前的学生很有个性，思想前卫。倘若老师得到学生的喜欢，他就会接受你的一切，信服你说的话，愿意聆听你的教育。只要学生愿听，你的教育工作就会轻松。自然，学生看中的、信服你的就是你的人格魅力。班主任如何彰显自己的人格魅力？我觉得从自身的资历、荣誉展现开始，最具感染力。

荣 誉

在学生面前自信展示获得的荣誉，让学生看到老师的优秀。学生往往会情不自禁对老师投来敬佩的目光，老师通过此举征服学生，为班主任工作的开展奠定良好的基础。

2. 推介老师，打造名师团队

一个班级就是一个团队，班主任是大班长，科任老师是组长等角色，每个人都有自己的优势。作为班主任，要做好统筹工作，学会发挥科任老师的优势，在学生面前大力宣扬。因此，我每接到一个班，都会先用一周时间大力宣传自己和科任老师，即推介老师，打造名师团队，树立我和科任老师在学生心目中的良好形象。这种宣扬的形式效果独到，因为一个人的思想指引着这个人的行动，假如学生与教师产生共鸣，思想积极上进，那么行动自然与之相适应。班主任和学生之间不断碰撞，实现感情交流与分享，促使学生知情意行合一，那么班主任这颗真诚的心就会赢得学生的信赖，也就容易激发学生对学习的热爱之情，为日后开展班级工作打下坚实的基础，这也是班主任与科任老师合作的有效途径之一。推介老师时可说说老师成长的故事，感染学生；播放老师与学生一起经历的视频，同化学生；展示老师所取得的荣誉，震撼学生等。

3. 利用同伴效应，打动学生

同伴效应，这点学生最容易受到感染，因为同龄人的做法胜于一百遍说教。所以，回放历年学生通过努力付出而得到的收获或者取得的成绩能够激发学生的兴奋点，打动学生，又或者让学生听听师兄、师姐感恩的留言，这样易引起学生共鸣，教育效果甚佳。

案例展示一：

学生的感恩留言卡

案例展示二：学生的感恩留言

又是一年高考季！时至今日，仍清晰记得在高州中学复读的很多细节。不得不说，那是一段难忘的日子。感谢生命里有您的出现，您也是我生命里的幸运女神之一，给过我美丽的小幸运，让我在2015年高考取得理想的成绩。那段时光，犯过错误，也曾惹您生气。所以，更感激老师对我曾经竭尽全力的指导，真心实意的关怀。谢谢您。相信在以后的日子里，您的生活会一直幸福，工作更加顺利，快乐常伴，健康常存。至于称呼用"你"或"您"都已不太重要，因为在我心里，您既是我的老师，你也是我的朋友。加油，朋友，继续努力，不懈攀登人生的高峰，书写更多的辉煌。

学生：关心

2016年6月3日

案例展示三：学生赠送的手工图

学生赠送的手工作品

（图片名称：一日为师，百年树人，终生为母。寓意：一棵树，结满了果子，桃李芬芳，果子是全班学生每个人的名字和手印，背面是他们真情的流露，这是2011年学生的感恩留念。）

总之，只要学生信你、服你，管理便得心应手。这是一种精神文化，能够凝聚班级力量，以力量为核心引领班级前进。

（二）善观察，巧沟通，此为细心

学生是有感情的动物，他们的情绪像六月的天气，早上阳光灿烂，下午却狂风暴雨；今天活泼可爱，明天却郁郁寡欢。因此，作为班主任要细心观察，不仅要洞察学生的变化，还要巧于沟通。

1. 何为沟通？

"沟"有水，有道，此为渠也，"通"有道，有路，此为连也。"沟通"的意思是借助某种渠道使双方能够相连通。

沟通分语言沟通和非语言沟通，其中语言沟通包括口头和书面语言沟通，非语言沟通包括肢体动作、声音语气。在实践中，我觉得最有效的沟通还是语言沟通和非语言沟通两者相结合。

例如，下面顾客与客服的一段对话：

顾客：我新买了一台电脑，请问怎么才能打开D盘呢？

客服：请先打开"我的电脑"。

顾客：小姐，你没事吧？你的电脑我怎么能打得开呢？

客服：那请你打开你的电脑。

顾客：我的电脑本来就是开着的呀！

客服：先生，你在桌面能看到些什么？

顾客：我的桌面能看到很多东西，有一部手机、一个水杯、半桶方便面。

客服：先生，我问的是你的电脑的桌面上有什么东西。

顾客：我说的就是我的电脑桌面上的，这个电脑桌今天才买的。

客服：先生，请问你在电脑显示屏上可以看到什么？

顾客：有"我的文档""网上邻居""我的电脑"等。

客服：对，就是那个"我的电脑"，打开它，就看到D盘了。

一组对话，说了半小时，但双方说话的点都不在同一条线上，自然解决不了问题。老师与学生谈话也一样，倘若两者不在一条线上，说得再动听，再甜言蜜语，也无济于事，是无效的沟通。

2. 沟通的有效性

（1）什么是有效沟通？

有效沟通是通过听、说、读、写等载体，通过演讲、会见、对话、讨论、信件等方式将自己的思维准确、恰当地表达出来，以促使对方更好地接受。简单来说，沟通让双方的感觉舒畅，表情愉悦，接纳彼此。

（2）怎样做到有效沟通？

第一，要明确沟通的对象，沟通对象包括学生、家长、领导等。不同的对象有不同的说话方式和不同的语言表述，特别是批评要讲究一定的艺术。

言之有法，因人而异。孔子曾说"因材施教"。因材施教不仅适用于学科教学中，也适用于日常对学生的思想教育。对于那些较为活泼好动、缺乏自觉性、约束力弱的学生，我们要学会关心爱护他们，同时要对他们加强监督和管理，如果屡教不改，则选择恰当的时机给予一种严厉的警醒。而对待那些性格较为内向、孤独敏感、自尊心稍强的学生，一旦犯了小错误，对他们不必过多地指责和批评，而应留有余地，点到为止，这样学生容易感受到一种春风化雨般的暖心效果。

第二，要注意沟通的方式。一般可以采用活动、谈话、书面语言等方式进行。

第三，沟通的时间、场合、方式要恰当。时间有日常工作的不定时沟通和特定问题处理定时沟通。地点可视学生的具体情况而定，可以是年级办公室，可以是安静的环境，也可选择宽广的操场等。即言之有时，因地而异。有些学生的自尊心较强，作为班主任应尽量避免在公众场合批评学生，特别是不宜在班会上进行批评，因为让一个学生心灵受伤容易，要抚慰一颗受伤心灵的却难。

作为班主任，要批评哪个学生的话，较好的办法就是私下找到该学生，有针对性地与其就具体问题进行耐心而严肃的谈话教育。如此学生会感受到他的自尊得到了班主任的维护，这样也会收到意想不到的教育效果，同时会激发学生学习的激情。

沟通所使用的方式方法要灵活。现在的学生是"天之娇子"，再加上正处于青春期，易冲动，有些叛逆。对于这样的学生，与他们沟通，最重要的是走进他们的内心，摸清他们的心理需要。

而这种沟通，我在实践中发现比较有效的是日常与学生的书面沟通。我最注重学生写班级日记，每天一写，可以及时掌控学生的动态。

① 班级日记沟通：班级日记是个体的，也是整体的。每天让学生轮流写，让他们记录班级里每天发生的各种各样的事情，其他学生可以有针对性地发表评说。这种全班参与的班级日记从某种程度上可充当班主任的眼睛和耳朵，甚至是嘴巴和心灵；也是学生及时宣泄的心灵港湾。

班级日记布置之初要让学生明确几点：谁写，写什么，要注意什么等。例如，我布置的班级日记，会在本子上写上温馨的提醒：

一是畅所欲言，写心声，写生活，写学习等，内容积极向上，文明用语；

二是楼主可发表言论，不可谩骂他人，恶语相向，诽谤诬告他人；

三是每学期每人至少轮流写一篇日记，字数至少800字以上；

四是每天下第二节自修课交由课代表代为审阅和保管，再由课代表传给下一位同学。

写的时间和内容分阶段性，如自由畅谈——指定交流——欣赏他人——共同进步；内容有心情日记、日常琐事、向往的班级等。总之，班级日记是班主任的五官：可看学生的心情，可听学生的心声，可说学生的难处，可嗅班情的眉目，可感班级的动作。

班级日记的内容（节选）如下：

接力日记一

  2017年10月26日   星期四   天气：晴   罗兆威

"不择手段"的我已来到这人才济济的殿堂近两个月了。

"我在这里的位置是偷来的！"我内心强烈地自责。"这对其他努力学习而又来不了这里的同学们是不公平的！"同学们都这样说我。我呆呆地坐着，那种刺耳的声音在回荡。一遍又一遍地侵蚀我的内心。

我——一个农村来的留守儿童，为了生计，父母都在外工作，终年不能回家。王海桐在文章中说："习惯！一种多么强有力的力量！"她的童年是在父母强迫的学习中度过的。可我没有！我和年老的爷爷奶奶相处，从没读过书的他们又不会教导我，以至于我变得沉默，我与同学们的交流变得困难，不再有共同话题，我不再喜欢说话了。

这样的我，成了老师眼中的好孩子，他们努力要让我上好学校，成为未来的人才。在老师的千辛万苦教导之下，我来到这里。

这里的人是那么的讲究，那么的成熟，那么的易与人相处。他们可以在大庭广众之下说话、谈笑。我却做不到。

我没有这里人那样的条件，他们从小饱读诗书，我没有读书的好习惯，没有学习的好方法，没有父母的指导。在这人才济济的大校园里，我变得落后。机会的尾巴早已溜走，相比之下我显出了读书少的困囧。我在这里人的话语和文字中听出了鄙夷，听出了人与人的差距……

（同班同学的留言）

一楼：相信自己，自信一点，未来无限。

二楼：我们不会取笑你的，请敞开胸怀，迎接我们的欢乐！

三楼：我们来自各个不同的乡镇，我们都有各自的优点，毕竟我们山区孩子淳朴、勤奋、好学，不是吗？请不要悲观，笑对人生。

（我的感悟）

从本日记中我了解到留守孩子缺乏自信，工作中我会特别关注他，常常与这个孩子聊天，让他充满自信，也会请其他同学多关心他，让他感觉到班级的温暖。

接力日记二:

　　　　2017年12月24日　　　　星期四　　　　天气:晴　　　　陈舒琪

第一次写"接力日记"——2017年9月24日。

第二次写"接力日记"——2017年12月24日。

一转眼,三个月了,时间就这样悄无声息地溜走了。

这次"接力日记",我想写自己最欣赏的一位同学,留给我印象较深的同学——李荣秀。

以下是关于她的十个优点:

(1)平易近人。(她是我在广东高州中学认识的第二位同学,第一顿饭是跟她一起吃的)

(2)责任感强。(来广东高州中学的第一天,我和她下到了一楼准备吃饭,她忽然想起宿舍门口有袋垃圾,她害怕因此扣了班级的分,执意要爬上六楼拿垃圾下来)

(3)体育倍棒。(校运会足以体现)

(4)不服输,尽心尽力做好每一件事。(她的膝盖在校运会跳远比赛中擦破了皮,但她还是很努力,尽自己最大的能力去完成)

(5)性格豪爽。(跟她相处过的人都知道)

(6)爱笑。(爱笑的女孩运气都不会太差)

(7)爱看书。(据她说一个学期至少看3本著作)

(8)体贴。(主动拿护手霜给我擦手)

(9)热情。(每次跟她相处都会很开心)

(10)人缘好。(朋友多,这也足以证明她的好)

(同班同学留言)

TOLRX:你不是最好,你可以更好,加油吧,清秀的荣秀!

愿:十二岁成功蜕变!

楼主:没想到我有那么多优点,好好享用,感谢陈舒琪。

(我的感悟)

从本日记中能发现学生的优点,既鼓励了学生本人,又感染了其他学生,传递了正能量,班级学生情同姐妹、和谐共处。

② 活动沟通：活动是学生最喜欢，也是班主任教育学生最好的时机，这里可利用学生感染学生，运用同伴效应，拉近学生的距离，所以我总是组织学生进行小组沟通活动。

小组活动沟通

③ 谈话沟通：在班级日记中发现的问题或者偶发的问题要及时处理，此时可通过谈话来沟通。但沟通时要注意现场观察，揣摩学生的变化，才能有效处理学生突发的问题。在这个过程中要注意如下两点细节：

首先，要尊重、接纳对方，让学生信任你，为沟通做好铺垫。

其次，善于聆听，谈话和聆听都要关注对方的角度，用心聆听，认真思考并做出必要的反应，便于对方能领会你已经理解了讲话的内容、目的和情感。

这是走进学生的内心的根本，也是沟通的最高境界。作为老师该听什么？听学生的需要，听学生的困难，听学生的建议。实践中，我最擅长这种聆听的教育方法，曾经利用聆听成功地挽救了一名差点轻生的女生。

聆听要充分，这是良好沟通的基础。班主任要密切观察学生的态势语言，及时发现孩子真正的心理需求，可以是一个眼神、一声感叹，也可以是一次闪烁目光的相遇，这些都能让我们觉察出学生的内心世界。察言观色，对症下药，才是有效沟通的基础。

英国尼基·斯坦顿在《沟通圣经——听说读写全方位共同技巧》这本书中告诉我们倾听时可这样：轻轻点头，然后等候；专心看着对方说话；可以不时地回应"了解""嗯嗯""真的"等，或者可以重复对方刚说过的最后几个字，表示你已经理解对方的意思了。而印度哲学家克利希那穆提说："不加任何评价的倾听，才是真正的聆听。"

但有时突发事件需要及时沟通，我们还得通过沟通和观察摸清对方的心理状态。

例如，你发现一学生玩手机时，与其沟通，当你让学生在读书与玩手机两者之间做出选择时，他竟然说宁愿要手机也不读书，可以想象手机在他心目中的地位，倘若你再一味地说不能玩手机的话，这次沟通必定是无效的沟通。

又如，某天突然接到学生家长的来电，说他的母亲去世了，让你告知学生并让他回家。此时你该怎样处理此事？失去亲人时，送其回家以做慰问，还是问他需要怎样的帮助？其实班主任不需要擅自主张，因为他真正需要的是不让别人知道他从此是单亲。

所以，面对突发的事件要摸清学生的真实需要，才能有的放矢地进行沟通。

第四，沟通的语言表达艺术富有同理心，又被称为"共情"，这是师生沟通的金钥匙。

① 何为同理心：同理心（Empathy），是情商（EQ）的一个重要组成部分。又叫作换位思考、共情，指站在对方立场上设身处地思考的一种方式，即人际交往过程中，能够感受他人的想法和情绪，理解他人的感受和立场，并站在对方的角度思考和处理问题。主要体现在换位思考、情绪自控、倾听能力及表达尊重等与情商相关的方面。

② 同理倾听：就是带着同理心去倾听，同理心源于希腊字，它的意思是"情绪进入"，表示一种理解能力——觉察他人的经验的能力。

③ 同理心倾听的意义：意图了解的倾听，是追寻、了解他人的动机、心愿及情况；同理倾听进入他人的内心，以他人看世界的眼光来看世界，了解并感受他人的感觉。

④ 同理倾听的本质：不一定是同意他人的想法或做法，而是能完全地、深刻地了解对方，情绪上与理智上完全投入，不是单纯、单一地倾听，其涉及范围很广，是要用我们的耳朵、眼睛和心来倾听。

⑤ 倾听避免进入的误区：

第一，目的性选择倾听。班主任与学生沟通时，急功近利，一下子想解决问题，表现的目的性强，所以容易进入选择性倾听的误区。他们关注的只是自己想要的信息，而忽略甚至拒绝弄清整件事情的来龙去脉。

有一次，英语老师下课后，气冲冲地回到办公室，班主任见状立即进行了解。原来是小车在课堂上顶撞老师，班主任马上叫来小车，小车喃喃自语，解释着什么。班主任还没听完就打断小车的话，还着急地劝说："你还是直接告诉我吧，不要转弯抹角，在这件事情上你错在哪？"对于小车的现场情境、行为动机等，班主任都没兴趣倾听，只想迅速找到给小车"定罪"的依据。可以想象，长此以往，学生也就被动地熟悉了班主任这种目的性倾听，以后学生也就自然地用随便应付式作答来迎合班主任，教育效果必将大打折扣。

第二，形式性过场倾听。在我们身边这样的现象也不少：有些班主任以为自己有经验，过于依赖自己的经验，认为什么样的学生都有，什么样的问题自己都见过，不需要听学生的任何意见，自己早已定下结论。与学生进行的"沟通聆听"这一必要环节形同虚设。

在中段考试中，班上处于中游的学生老考不好，情绪不稳定，班主任便把他们召集在一起，表示想诚心地了解同学们这次考试失利的情况，并与之沟通，顺便让他们也谈谈自己的看法。几名同学异口同声：感觉各科老师有点"各自为政"，每天每科老师都布置大量的作业，使同学们每天都处于应付作业、疲惫不堪的状态，没时间做自我总结，梳理知识；此外，同学们对体育课和文娱课的撤销有点不情愿，说紧张的学习之余没有适当的时间放松，学习情绪失控，压力增大。话还没说完，班主任随即打断他们并回应："你们想想，没有时间的保证，哪来成绩？"

班主任形式性地倾听，比如听得漫不经心，听得心烦气躁，不能接纳学生的真实想法，这样的倾听是走过场，对学生的教育管理难以有效。

第三，疑心式标签倾听。有些班主任敏感度强，遇到敏感问题容易产生疑心，与学生沟通时表现为仔细倾听，实际是在努力搜集挖掘他们想要的"蛛丝马迹"。

有一个周六晚上，班主任陈老师看到本班的小钟与一女生在街上牵手，于是怀疑他谈恋爱了，然后班主任找来小钟，二话没说，就不断询问小钟周六晚上去哪了，跟谁在一起，谁可以作证。这样的沟通像警察查案一样，无形中给学生的事件下了定论。这种倾听警醒我们，疑心过重，容易给犯错的学生贴标签，容易导致班主任在判断学生问题时造成"冤假错案"。

班主任一旦走进倾听的误区，既不利于准确处理学生问题，也不利于师生关系的和谐发展，更不利于班主任开展班级管理工作，应当引起广大班主任的高度重视。

这就要求班主任倾听时言语的使用要讲究艺术。

言之有度，因事而异。班主任对于学生的批评沟通应避免重复，应该是一次性进行的过程，不应该是分阶段的，更不能每次都收集上一次的错误，两者糅合在一起算账。所谓一次性进行的批评沟通，就是指在批评学生犯错时，一次性击中要害，对症下药，让学生能真正认识到错误的根本实质及危害性，从而痛下决心改正错误，绝不能出现形式地点的变换而对学生重复批评。其次，对于已改正错误的学生，也不能在犯新错误的时候重提旧错误。倘若新账老账一起算，学生容易出现心理障碍，产生不良心理反应。他就会惧怕老师，甚至憎恨老师，有时还会引起其他学生的反感。所以，我们在批评学生与学生沟通时，要注意对事不对人，充分表现出尊重学生的人格，这种沟通倾听才有效。

言之有情，平等待人。教育学生是需要感情作为基础的。有些班主任批评学生表面以"情"感人，苦口婆心，但收效甚微，实为不了解学生的心理状况，没有准确把握学生需要的情感，没有对症下药。这是沟通的不平等，在批评中要多点人情味，少点火药味。要放下架子，以朋友身份出现在学生面前，敞开胸襟直陈自己的关爱，做好入情入理的思想工作，让学生感受到班主任批评教育意图的善、内容的真与形式的美，从而构筑起心灵相通的桥梁，学生才愿与班主任说真话，认错并改正错误，达到以情感人的效果。

言之有理，据实而言。俗话说："没有调查研究就没有发言权。"真正的沟通批评是建立在有事实依据的基础上，这样不会让学生在沟通批评过程中有机会无理取闹。然而，掌握事实的方法莫过于谈心，通过谈心，可以掌握事实的真相，与学生进行心灵的沟通，增进师生之间的了解和信任、支持和配合，并建立友谊，成为朋友。对于那些经常违反纪律的学生，更要注意这一点。班主任往往会对这类学生抱着怀疑的态度，认为他们总爱犯事，所以一旦有人违反纪律，就会第一时间想到这些学生。这种成见会伤害他们的自尊心，而且也会造成其他同学对这些学生抱有偏见。所以，班主任在没有了解事实前，不要凭借个人的情感喜好对学生进行道德审判。

言之有术，灵活转化。一次，刚考完中段试的晚上，班主任在自修时发现黄同学玩游戏纸牌，班主任便叫学生到办公室进行问话。班主任问："你为什么拿这些纸牌到教室玩？"黄同学辩驳道："我没玩，只是拿到桌面上。"师生两人开始对峙，我在旁看到，便叫上黄同学，顺便问："此次中段试考得顺心吗？""不知道。"我便转换了话题："不错，心直口快，那你再说说语文考得比上一次有进步吗？""有吧？""我欣赏你的个性，那你拿游戏纸牌到教室有何用处？""玩。""玩了吗？""玩了。""班主任发现了，你认识到错误了吗？""认识到了。""该如何做？""道歉。"……

这个事件很圆满地解决了，黄同学还对我不停地说感谢。班主任巧妙地将批评转化为鼓励，捕捉学生的优点，让学生心悦诚服地接受批评，效果不错。可见，注意一定的批评技巧，可以让逆耳的批评变得易于接受。当然，前提是班主任懂得沟通的艺术，有豁达的胸怀，尊重和爱护学生。

言而有终，持续关注。沟通批评，是一剂良药，甚至是一剂学生不得不服的苦药。但这剂苦药背后的用心也许学生难以体察到，可能会产生怨恨、误解、抵触等不良消极情绪，这就提醒班主任批评学生过后更要密切关注学生的动态，包括学生的情绪变化，以及逃学、破坏、报复、轻生等过激行为；关注学生改正错误的程度，并开展有效的疏导，给予及时的表扬；还要进行适当的安抚，消除不必要的隔阂等。

沟通案例一：

海伦·布朗已经八十多岁了，但她依然很有活力，心态完全像个年轻人，她喜欢每天起床就把自己打扮得漂漂亮亮的，然后出门。

路上，她看到帅气的小伙，一定会上前告诉他："也许我们从来没有见过，也许我们以后也不会再见，但是我一定要告诉你，你今天帅呆了！"

正因为她不吝啬于赞美，她给予别人的快乐无论是她自己还是被赞美的人，这一天都会过得非常愉悦。

也许，就因为她的这一句话，这个男孩会开心一天，快乐的心情也会让这个男孩对自己的身边人也同样地友好，将同样的快乐传递出去。其实，这就是幸福的给予和传递。

——杨澜采访《Cosmopolitan》杂志主编海伦·布朗

沟通案例二：

现在的学生热衷二次元游戏，身为班主任要教育引导学生，该怎么开场呢？如果一开始就说不准看、不准玩，学生定会产生逆反心理，怎么会听你的下文。我是这样开头并进行引导的："电脑是高科技产物，本身没有错。二次元游戏本身确实有价值，这是一个新鲜事物，对于新鲜的事物是可以学习并接受的，但我们学了《拿来主义》，对于新鲜的事物我们要学会吸取精华，为我所用，不能全盘接受，甚至沉迷于其中……"这样引导学生，学生便会开心，静下心听你说。然后我话锋一转："但是应该什么时候玩，怎么玩，玩什么？同学们认为是否该有所选择？"把问题踢给学生，相信学生知道答案。如果学生打马虎眼，再阐述也不迟。班主任因势利导是关键，教育于谈笑间收奇效。

沟通案例三：

有一个学生来告诉班主任，因为别人对他说了侮辱性的话，他忍不住动了手。这个时候，如果老师能够先说一句"他那句话一定让你特别气愤吧"，一定会拉近与这个学生的心理距离，接下来，引导他认识动手打人是不对的，给对方道歉，他才会接受。学生考差了，劈头盖脸的批评也许会导致他对学习失去信心，甚至产生逆反心理。"我对你充满信心，下次一定会证明你的实力，对吗？"这样说，也许会取得意想不到的效果。

上述三个例子都是有效的沟通，当然沟通过程中还要善于察言观色，如班主任处理学生的事时，班主任恼火想请家长，学生坚决不同意，所以情绪很激动，跟班主任对着干，两人一时僵持不下，学生一边说着话一边握紧拳头。倘若你没看到，还是一味地滔滔不绝地说，不能冷静下来，后果不堪设想。

所以说，对于问题学生的惩罚，我们不能硬来，要把问题抛给学生，让学生思考问题该如何处理。这种让学生回答如何处理的方式，比自己给出处理方式也许更有效。

小结

总之，沟通可以试着运用先跟后带，察言观色，再对症下药的技巧。先跟后带是指先附和对方，对对方的感觉、行为或某种情绪状态、某种想法抑或观点表示理解，然后再带领他去往真正应该去的方向。有效沟通是一种教育文化，是以丰富多彩的活动架起沟通的桥梁，让学生健康成长。

（三）多赏识，妙励志——此为慧心

魏书生提出"尊重学生、理解学生、关心学生"的口号，他的赏识教育实施效果甚佳。他总喜欢用欣赏的眼光看待学生，用激励的话语感动学生，用科学的"高招"鼓舞学生。苏霍姆林斯基说："世界上没有才能的人是没有的。问题在于教育者要去发现每一个学生的禀赋、兴趣、爱好和特长，为他们的表现和发展提供充分的条件和正确引导。"作为班主任，我深有同感。

目前的学生不同以往，打不得，骂不得，甚至爱不得。爱就要会爱，不是说你整天挂在嘴边说我爱你就行。有时，他不需要，也不接受。所以我们一定要明白学生需要怎样的爱，要多了解、多问学生需要怎样的帮助。走进他们的心灵，才是雪中送炭，否则只会平白添乱。

因此，我们说班主任必须有智慧，平时常用的赏识与励志最为实用，实际上是不断地给学生寻找兴奋点，给学生注入新鲜的血液，让学生对学习、生活充满激情与追求。

因为我们懂得学生的心理，利用心理效应感化学生，就像用瞬间的"高压电击"刺激停止跳动的心脏令其复苏，从而挽救一个即将逝去的生命，生命经历种种苦难，有些伤害有时可以成为某种激励，这种激励可以创造生命奇迹。

作为班主任，当学生学习压力增强或偶遇挫折丧失信心，抑或出现烦躁失落时，我们可以用赏识、励志教育刺激学生，调节学生的情绪，培养学生的自信心。

赏识、励志的形式多种多样，实施的时间也不确定，可定期和不定期实施。

1. 调动积累，名言警醒

励志名言是用于鼓舞、激励人们的话语，有积极向上的作用。励志的话，犹如兴奋剂，能给人一种奋斗的精神。依据这个特点，我会定期或不定期与学生分享名言，以此来警醒学生。当然运用的名言一定是励志的，包括名人名言、教师名言、学生名言、家长话语等。

比如，开学时或者学生纪律松懈时用。特别是高一新生刚进学校，为凝聚班级力量，让学生形成良好的习惯，我会与学生分享一篇《我们一家，人生很贵，请别浪费》的文章；到中段试后又会分享一篇《为一生幸福奠基》的文章；开家长会时让家长给予孩子鼓励并将励志语张贴在教室的墙上，以达到警醒作用。

名言励志语

2. 实时策划，行为感染

行为感染：指人群的行动从一个人传向另一个人，直至一群人一致行动起来的过程。当然行为要选择恰当，感染力要强，能让学生有种久旱遇甘露的感觉。

比如，当学生不团结时，我们可以放一首《相亲相爱一家人》的歌曲，让学生在歌声的熏陶下达到班级同学和谐共处的目的。

当学生失去信心时，作为班主任，我们可以鼓舞学生的士气，在特定的场合，如早读时让同学们全体起立，抬头挺胸，目视黑板中缝上沿，高声齐呼："我能行"，而且要喊三遍，声音要一遍比一遍高，喊的过程就是唤醒学生自信的过程。从心理学的角度阐释，这是一种积极的心理暗示，在班内能形成一种场面效应，效果甚佳。这种行为的感染，学生喜欢，每隔几天，他们还会主动要求喊一次。

除此之外，早读或晚读学生犯困时，或者课堂上评价学生时，也可适时对学生进行掌声鼓励。特别是读书犯困时，可建议全班学生站起来齐读，读完后掌声鼓励学生。

行为感染

每次考完试后的奖励行为更有收效，如分享"一粒糖"的故事。糖的种类很多，每次不同的考试我都会有目的地选用包装不同的糖果，选择糖时要特别看中糖果包装纸上的文字，如写着甜中来、苦后甜、开心一刻的棒棒糖等，买回来后利用一节课发到学生的手中，并与学生分享，先说糖果文字象征的含义，再引导学生现场吃，边吃边谈感受，最后引领学生继续前行。对于文明宿舍、文明班奖励也一样，形式和奖励内容要有所区别，要有特色、有创新。

3. 创新思维，榜样激励

榜样，常指一种理想人格，是激励大家学习的人或事物。以某个人为榜样，就是领会运用某个人的立场、观点、方法，把榜样人物同主观自我高度融合，在具体问题面前，运用榜样人物的立场观点方法来认识问题，形成观念设想，从而指导支配自身的言行，使自己成为榜样人物的替身。

为此，我专门成立榜样讲师团，创新教育的思维模式，激发学生的激情，有效同化学生。榜样讲师团的人员要优化组合，有成功创业的校友，有在读高校的师兄师姐，有职业不同的家长代表，有身边典型的同伴等。每次进行宣讲时，选择的榜样要根据学生的具体需要而定，比如作为当代的学生，比较喜欢同龄人，我就会借助大学生资源，让大学生讲述自己的故事，制作励志视频、"鸿雁传书"；也可利用身边的榜样，现场说法或者制作视频，吸引学生的眼球，达到与学生共鸣的作用。比如，在学校建成记念日时，专门请一名学生有感而发，表达对学校的感恩之情，同学们听了触动很大。

榜样励志宣讲

榜样文稿展示一：

祝贺广东高州中学

恰逢三月春风惹人醉，恰逢今天广东高州中学添一岁。我很荣幸作为学生代表在此发言，时值春季，万花烂漫，你我一起，共庆华诞！

从1905年3月15日，高郡中学堂立校到现在已经一百一十四年了。一百一十四年风雨兼程，她孕育了代代莘莘学子，桃李满园，佳誉四方。一百一十四年敢立潮头，她姿态儒雅，迈稳步子，教学相长，奋力发展。一百一十四年责任在肩，她争做排头兵，勇当领头羊，无问西东，守护高凉。一百一十四年里，变的是岁月，不变的是追求。今天，请允许我说一声："广高！祝你生日快乐！"

是这方土地，承载着我们的梦想，我们都是追梦人！高一的同学们，我希望你们成为一名专注的新勇者，《劝学》中说道："是故无冥冥之志者，无昭昭之明。无惛惛之事者，无赫赫之功。""目不能两视而明，耳不能两听而聪。"专注于学习，你就是别人眼中的奇迹。高二的同学们，去做一名合格的接力者吧。六月花开，你的师兄师姐一定会夺下胜利的旗帜，请你们不惧来路风雨，用你们的奋斗与努力，去接过这面旗帜，赢得锦绣前程！毕业班的同学们，与我一起同行的战士们，势必胸有成竹，要知道，高考战场上，定要以笔为剑，剑锋所指，处处大题难题，剑客收刀，挥挥衣袖，不带走一丝遗憾。

广东高州中学！感谢你给我们梦想实现的机会，我们定会带着自身的人文情怀和科学素养在走向国际的开阔视野里，丰富"严勤实活"的含义，我们定会将光荣，写在你的一草一木里、木棉盛开时！

最后，祝愿广东高州中学"桃李满天下，梓楠遍五洲"，祝愿各位老师"采得百花成蜜后，年年英才又春风"，祝愿同学们"风雨兼程十二载，一朝题名金榜中"！

广东高州中学　邓梓豪

榜样文稿展示二：

过好高二的时间关

高考这场马拉松，对时间的考验尤在高二这一特殊时段。为何？高一的稚嫩似已远去，高三的焦虑尚未到来。高二学子往往有两种思想：一种是，我对学校各方面已经很熟悉，离高考还远，正可以放松自在；另一种是，我已经知道不足之处，思想更成熟，正可以增强实力。两种认识，天地之别。

高三的生活充满紧迫感，拼搏高考的学子无一不如绷紧的弦，争分夺秒，拼尽全力；高一的生活多姿多彩，初来乍到，甚是新鲜。由此看来，这场马拉松，弯道超车的最佳时机就在高二。逆袭的故事不止发生在高三，黑马的身姿亦可出彩在高二，保持好成绩更需下功夫。高二时间真的很重要。

现在我已被中山大学录取，我了解到，所有的优秀学生都是善于抓住时间的，你不要被有些学生说的放假就要好好玩，不用上自修，假期不上课等表面现象蒙蔽，其实，他们不在学校而是在校外教育机构请了专门的老师一对一补课，而且每小时得花费500多元，这个费用对于我们在座各位的家庭是不是有一定的负担？对于我们乡村的孩子是不是有困难？也许，大家觉得现在还是假期就要回校学习，有埋怨的情绪，切记，请不要埋怨，这是机会。你更应珍惜学校为我们提供的平台，感恩我们的老师无私的付出。

再回到我的感悟：

（1）时间等不来。相信你我皆深有体会，每天有每天的学习任务，在校和假期没有科学的时间安排，作业都推到最后才做，我们不仅内心恐慌，而且会感受到这种任务式的学习效率是极低的，做完作业并不代表学会了，那种"等一等我再学习"的思想正是拖延的表现。

（2）时间追不回。每次对着不理想的考试成绩都会想"前段时间我不应该贪玩"，无比后悔。可是时间已经过去，还能重来吗？因此，与其在懊恼中度过，不如立即反省，时刻鸣响时间的警钟。

高二这段可以弯道超车的时间要用好。首先，要稳。高二学习难度增大，但仍在打基础，不应追求短时间内大幅提升，而应细水长流，重视每时每刻。其次，要准。一分一秒用在刀刃上，接受理解新知识，复习巩固旧章节，查漏补缺。我们还要善于挤时间，15分钟可以做什么？一篇英语完形填空，一篇文言文阅读，一道三角函数大题应该绰绰有余。这15分钟从哪里来？上下学我可以跑起来吗？等候时我可以做些什么？还有很多这样零碎却灵活的时间等着同学们发掘。

我们的时间是有限的，选择了做一件事，就意味着要放弃做别的事。"做别的事情"就是你的"机会成本"。所以我们做事情的标准不是"某件事有没有意义"，而是"某件事是不是最有意义"。这就是我们对时间的掂量，让它有意义。

高考的竞争使得每一个面对它的学子必须全力以赴，容不得半点时间的浪费，否则"无底的漏斗，把一切的一切都漏下去了"。高二，绝对应该是一个善待时间的时期，是一个拼耐力、拼意志、拼觉悟的时期，是一个充实厚重的时期。

而且高二这一年也很简单，专注自己的时间就是赢家。希望你们珍惜剩下的并不算多的时间，朝着自己目标的方向去拼搏奋斗，

高二要把好时间关，形成你们最有实力的优势，在下一年属于你们的高考中有精彩的表现。

广东高州中学　邓诗怡

榜样文稿展示三：

目标、时间、方法合三为一

岁月无痕，时光飞逝。高中的日子转眼将成为生命中的一段记忆，希望同学们能好好珍惜这段宝贵的时光。走过高三这段峥嵘岁月，经历了高考的严酷考验，如今的我有一些话想要对同学们说，希望能让同学们的学习之路更加顺畅。

曾看到过这样一句话："如果你不知道自己想去哪里，你就永远也不会到达。"无论做什么事情，都应该有一个明确的目标，学习尤其如此。在高考面前，最好给自己一个明确的目标，这样你的努力便有了方向。在学习的过程中，通过设置一些小目标，近期目标，以及长期的目标，让自己的学习方向明确，并且努力去实现这些目标，可以避免学习中的迷茫，提高学习效率，一步步地走向心中的理想大学。但是制定目标只是开始，对目标的执着追求才是实

现目标的关键。所以制定了目标，就要朝着目标主动迈进，逐步激发自己的学习兴趣，提高学习的效率，最终提高学习成绩。因此，不管道路多么艰险，一定不要动摇，一定不要放弃对目标的追求。要始终坚信，通过努力可以让梦想成真。

目前大家是高二的学子，距离高考虽有两年的时间，说短不短，说长也不长，但这一段时间对每一位同学来说是弥足珍贵的，而且时间对每一个人都是公平的。也正因如此，如果你想脱颖而出，你就得利用与别人相等的时间做比别人更多且更有效率的事。要把学习当成自己的事业去经营，而时间就是你们最大的资本，谁能更好地利用时间，让自己的时间发挥更大的效力，谁的高考就会更加成功。

高中的学习应该有计划。这个计划可以小到一节课里做些什么，也可以大到整个高中的规划。目的就是让自己在繁忙的学习中能够做到有条不紊，忙而不乱。把自己每一天的事情安排好，有序地完成自己的学习任务。这样不仅可以提高学习的效率，还能在相等的学习时间内收获更多的知识和更高的成绩。

高中知识庞杂，学习方法林林总总，同学们应该找到适合自己的学习方法，事半功倍地学习。例如，建立错题本，写错题本可以加强自己对出错之处的记忆，了解自己的薄弱之处，对减少非智力因素的出错十分有效。经常在这一方面出错的同学不妨尝试一下。学习方法不会一成不变，同学们要学会经常与其他同学或老师交流学习心得，汲取他人的经验和教训，让自己的方法更加完善，更加有效率。不要以为与人交流会浪费时间，会使自己的优势散失，封闭就意味着落后，自己的智慧是有限的，要学会向别人借，同时也要乐于将自己的经验借给别人，成就双赢和多赢的局面。

学习需要恒心。学习不是一蹴而就的事情，而是一个千锤百炼的过程。俗话说："书山有路勤为径，学海无涯苦作舟。"三天打鱼两天晒网的态度不适合学习，更无法学好。要想获得好成绩，就要有持之以恒的态度和脚踏实地的行动。

同学们，既然选择了远方，便只顾风雨兼程。两年后的今天，相信你们都可以到达你们自己心中的理想大学。

严久（2018届华工大学学生）

榜样文稿展示四：

时间与心态并重

大家早上好，我是刚从这里毕业的学生——龙慧，现被暨南大学录取。能站在这里，对你们说出我内心最诚挚的期盼与祝福，我感到无比的荣幸与自豪。

第一，要珍惜学习时间。

首先，我想问大家一个问题，人的一辈子有多长？按目前的科学上限，不超过一百五十岁。而实际上，百岁老叟已很少见。但生命有质量，各个年龄段的光芒相差甚远。三十岁的女人和六十岁的女人，五十岁的男人和一百岁的男人，你会以为不是一个人。无论从外表、从思维还是从行为方式来看，反差都会很大。我们可以把最灿烂的那部分称为有效生命。去掉幼稚的年代，去掉过熟的年代，风光无限的年华也就那么一段。而十七八岁，无疑是人生旅途中最灿烂最朝气蓬勃的一个阶段。朱熹曾说过："少年易学老难成，一寸光阴不可轻。"同学们，在我们的一生中，青少年时期非常宝贵。这个阶段生命力最旺盛，精力最充沛，记忆力最强。我们要充分利用这一段大好时光，认真学习各科知识，去迎接明天的挑战。莫等闲，白了少年头！希望你们能在回首往事的时候，不因虚度年华而悔恨，也不因碌碌无为而羞愧！

第二，要时刻保持良好的心态。

我们都知道，在高中阶段，学习任务无疑会很重，面对堆积如山的作业，时常会觉得喘不过气来。很多同学便因此而紧张不已，压力过大，有的甚至到了寝食难安的地步。这种现象在考试之前表现得更加明显。其实我想说，作为一名高中学生，我们必须具备自我调节的能力，当感觉负面情绪积压的时候，要学会自我排遣，要打开心扉，多与老师和同学们交流，当我们把负面情绪都发泄出来的时候，才能更加轻松、更加专注地投入学习中，才能学得更好，走得更远。即使面对考试失利的情况，也不要过分悲观，应及时调整心态，认真反思失败的原因，才能在下一次考试中取得进步。若只是一味地沉浸在失败的悲伤之中，不仅不利于身心健康，学习的积极性也会遭受打击。学海无涯，困难和阻碍的确存在，但是如果保持积极乐观的心态，那它就仅仅是我们通向胜利之光的漫长道路上的小插曲，与其说它们是障碍，不如说它们是桥梁！心态是我们调控人生的控制塔。心态的不同导致人生的不同，而且这种不同会有天壤之别。心态决定命运，心态决定成败。心态是后天修炼的。我们完全可以通过修炼我们的心态来成就我们的事业，改变我们的人生。所以，时刻保持良好的心态，才能让我们的学习更加轻松，让我们的人生更加美好！学习是一个痛并快乐着的过程。我们只有跳进题海中感受读书的辛苦，才能在一次又一次的突破中享受成功的喜悦。有句话说得好，冰冻三尺非一日之寒，好的学习成绩的取得绝非一日之功，要拥有持之以恒的精神。希望大家共同努力，从现在开始，端正学习态度，不怕困难，找准方法，深刻领会知识改变命运，态度决定一切的内涵。我相信，在学校领导的亲切关怀下，在老师的辛勤培育下，你们定能勇往直前，在高考考场上取得胜利，给自己、给家庭、给学校、给社会一份满意的答卷。

龙慧（2018届暨南大学学生）

4. 借助载体，班会触动

班会是班主任或班委会对班级进行有效管理、指导和教育的重要途径和形式。它是学校集体活动中最主要的组织活动之一。在班会上，同学可以围绕一个或几个主题组织全班同学开展教育活动，会上可发表自己的意见，参与集体管理，研究解决班级中的各种问题。班会的开展内容没有一定的限制，丰富多彩的班会主题既可以是专门为解决班级目前存在的某个问题而召开，也可以就某项教育展开。故班会是班主任平时日常常规的活动。

主题班会是围绕一定主题举行的班级集体成员全体会议。它是班会的一种形式，具有主题鲜明、内容丰富、形式多样、号召性强等特点，是班级活动的重要形式。它还是班主任发动学生进行自我教育的好形式。

正如魏书生老师所说："培养自信心要从扬长开始。"不同的个体，长处不同，只有扬长才能肯定个体，建立个体的自信。

所以作为班主任，我会有序地开展一系列的主题班会，以激发学生的自信心，也会充分利用班会来解决日常存在的问题，传递正能量。

主题班会表

时间	主题
2018.03.05	学雷锋，做好事
2018.03.12	绿化校园，从身边做起
2018.03.19	遵纪守法，远离赌博和校园贷
2018.03.26	清明节安全教育
2018.04.09	坚定目标，继续前进
2018.04.16	早恋要不得
2018.04.23	预防溺水，绽放生命之花
2018.05.08	期中试动员大会：我能行
2018.05.15	感恩的心——感恩月主题班会
2018.05.22	期中试总结：我不落后
2018.05.28	团结友爱，共同进步
2018.06.03	防震减灾
2018.06.11	崇尚英雄
2018.06.18	期末复习动员大会：继续前行
2018.06.25	暑假规划
2018.09.03	开学安全第一课
2018.09.10	师恩难忘，感谢有你
2018.09.17	军训动员大会：严于律己
2018.10.08	（高一）如何适应高中生活 （高二）如何做好学科突破
2018.10.15	如何克服困难
2018.10.22	警惕校园贷
2018.10.29	友谊第一，比赛第二
2018.11.05	期中试动员大会
2018.11.12	交通安全，人人有责
2018.11.19	期中考试总结

时间	主题
2018.11.26	（高一、高二家长会）沟通你我
2018.12.03	坚定目标，继续前进
2018.12.10	法制宣传教育
2018.12.17	自强不息，成就自我
2018.12.24	团结友爱，共同进步
2018.12.31	新起点，勇敢追梦
2019.01.07	正确面对压力
2019.01.14	珍惜时间，争创佳绩
2019.01.21	正确对待考试
2019.01.28	平安寒假

主题班会

召开主题班会，是班主任工作的重要组成部分，也是班级建设的重要途径。要开好主题班会，让班会发挥其应有的作用，关键要确定班会的主题和做好班会的组织工作。

作为班主任，主题班会的设计和组织要注意哪些内容呢？

（1）几种常用的主题班会类型：

① 习惯养成类。

② 激励斗志类。

③ 学法指导类。

④ 心态调整类。

⑤ 人生感悟类。

⑥ 团队活动类。

（2）如何确定班会主题：

① 从已发生的问题中提炼主题。

班会的一个重要目的是为了解决问题，促进工作。教育教学中发生的问题，就是班会主题的重要来源。

班级中已发生的问题大大小小，像这样因已发生的问题而生成的主题班会很多。例如，针对学生早恋现象，可确立"早恋要不得"主题；学生浮躁了，"坚持前行，终将成功"就是班会的主题；学生闹矛盾了，"团结友爱，共同进步"就是班会的主题；学生懒惰了，"勤能补拙"就是班会的主题……

②从预见性的问题中提炼主题。

班主任管理班级，不能总是像无头苍蝇一样，处于被动应付、善后处理、亡羊补牢的状态，我们要有预见性、预防性，做到防患于未然，把预防性问题作为班会的重要内容。

③从常规性的问题中提炼主题。

教育教学中，常规性的工作是必然，这些"必然"要做的工作，也是班会的重要内容。

比如，植树节，开一个"保护环境，从我做起"的主题班会，普及环保知识，激发同学们热爱环境、保护环境的热情；成人节，召开一个"十八岁的飞扬"的主题班会，对学生进行成人教育，让他们明白成年人应该担当的责任；五四青年节，召开一个"青年节快乐"的主题班会，让他们懂得"青年强则国强"的道理，肩负起青年的使命；母亲节，召开"我成长，我感恩"的主题班会，让他们学会感恩；端午节、国庆节、元旦……

学校工作中，开学、放假、考试、毕业都是常规的、必然的活动，这些都可以成为班会的主题，如召开"坚定目标""做努力奔跑的追梦人"主题班会。

④从偶然发生的问题中提炼主题。

偶然发生的事，如某天某同学在教室丢了100元，为了找回失窃物，可以开个"100元失窃后"的主题。

⑤从可能性的问题中提炼主题。

有些事情，还没有发生，也不一定发生，但是不能排除发生的可能性；不怕一万就怕万一，这样的事情一旦发生，后果就很严重。有可能发生的问题就成了班会的主题。比如，地震、火灾、雷击、溺水、交通意外、犯罪侵害等等。"安全知识知多少""让花季更美丽""借你一双慧眼""遵纪守法，远离毒品""预防溺水，绽放生命之花"等就成为班会的主题。

班会是给学生开的，主题当然从学生中来，再回到学生当中去，起到教育学生的作用。

（3）选择班会主题时还要注意以下方面：

①主题的针对性。

②主题的知识性和时代性。

43

③ 主题突出集中，形象生动。

（4）班会的充分准备要做到三个方面：

① 内容精心选择（包括对象、目的、内容）。

② 学生主体作用的发挥。

③ 活动形式的确定。

（5）主题班会的基本形式：

① 教师主导式班会（传统式）。

② 学生主体式班会（流行式）。

③ 体验式班会（创新式）。

④ 活动式班会（趣味式）。

（6）主题班会过程中实施的形式：

视频、小品、游戏、辩论、故事、谈话、问卷调查、影评、座谈、讨论、知识竞赛、讲座、演讲等。

（7）召开班会时需要注意的问题：

① 帮助班委会安排好活动程序。

② 协助主持人做好主持，使班会能按预定的程序顺利进行。

③ 要做好班会小结，对班会做出恰当的评价，肯定成绩，指出不足。

（8）落实行动：

班会结束后，将提出的解决问题的意见和方法运用到学习中。

（9）会后跟进教育：

教育不是一天一个班会就可以将问题解决的，而应像马拉松式的长跑运动一样持之以恒，班会后最有效果的是及时写感悟，做好跟进教育。我开展了"早恋"的主题班会，结果同学们感触很深，感悟写得很深刻。

拒绝早恋

我们都说青春期是一个人最美好的时期，这个时期里有梦想，有朝气，但同时这个时期它面有一个问题，就是早恋。而我个人认为应该拒绝早恋。

看着屏幕里的内容，我不由得想这些早恋的人真的是愚蠢，居然因为分手就想不开，就结束自己的生命，还有些人居然为了讨好自己的女朋友，不惜花光父母辛辛苦苦挣的钱。我觉得这不是青春，这是在浪费自己的青春在浪费自己的生命。而且是有愧于父母的行为。而内容里那些寻死的人更加愚蠢，如果以后自己一生中注定的真的适合自己的人了呢？何必因这么一件在生路中微小的事就放弃自我呢？

这时我们就会想自己为什么会对恋爱有种莫名的冲动呢？其实这是十分正

常的事，青春期我们会对异性有好感，这是正常而美好的事。而我们应该怎样做才能处理好男女关系呢？答案非常简单，大家约定好一起努力，一起奋斗，一起考上理想的大学。这样既可以共同进步，又可以处理好男女关系，是两全其美的事，而且这样让自己的青春更加美丽，更加精神焕发。

所以，我们要拒绝早恋，奋斗努力，让自己的青春更精彩！

早恋，对我们心理、生理发育不完善的青少年而言无异如虎。他常常把"好感"与"喜欢"混为一谈。我的老师曾说，你可以喜欢小红的可爱，但不可以喜欢可爱的小红。校园里几朵娇艳的花并不是这世界的全部。我认为当变得越来越优秀时，无需自己去追女孩子，她们也会来找你。先前有个女孩看见喜欢的男孩与其他女孩有说有笑，便心生嫉妒，悲伤成河，跳楼自杀。如此早恋，无疑是将自己往大坑里推。我们可以学习他人好的东西让自己变得优秀。

莫让无知的早恋，夺走了你奋斗的最好年华。

学生对"早恋"的感悟

班会设计展示

"黑马"是怎样炼成的——心态篇

一、班会主题

黑马是怎样炼成的——心态篇

二、教育背景

我班学生经过马不停蹄的衡水联考、广东省适应性考试、广州一模，已经疲惫不堪，由于广州一模难度较大，成绩十分不理想，学生信心大受打击，很多学生出现了内心迷茫、自我怀疑、信心不足、焦虑不安等消极情绪，为了帮助学生消除消极情绪，及时调整备考状态，我特意设计本次主题班会，希望通过本次主题班会给学生传递正能量，帮助学生以更好的状态迎接接下来的备考任务。

三、教育目的

（1）通过班会课的活动疏导学生情绪，达到消除学生内心迷茫、信心不足、自我怀疑等消极情绪的目的。

（2）通过班会课教师的引导，帮助学生重新树立备考信心，以良好的精神状态迎接备考。

四、教育重点

帮助学生疏导消极情绪，重新树立备考信心，及时调整备考状态。

五、前期准备

（1）通过几次模拟考试的成绩数据了解学生的实际情况，剖析学生当前的备考状态。

（2）搜集整理相关素材。

（3）制作PPT。

六、实施过程

（一）起：广一失利，自我怀疑

情境再现——办公室的困惑：

（游戏规则：由学生扮演刘老师，教师扮演学生，老师根据问题现场发挥回答问题）

学生1：老师，我考得那么差，没信心了，我考不上大学了，怎能办？（流

泪状）

　　刘老师：……

　　学生2：老师，我已经那么努力了，可成绩还是那么烂，我是不是天生比别人笨？我这样努力和坚持有什么意义？（眼神迷茫状）

　　刘老师：……

　　学生3：老师，我考得很不理想，感觉压力好大，不知道怎么办，这几天都睡不着觉，老师，怎么办？（痛苦状）

　　刘老师：……

【教师总结】

　　以上情境，再现了同学们考试失利后三种典型的消极情绪：信心不足、自我怀疑、过度焦虑！其实，每次考试都是几家欢喜几家愁，有起有落，再正常不过！模拟考的意义不在于结果如何，而在于结果能让你发现什么，改变什么！

　　考场上有一种生物，叫"黑马"，他们就是那些知道"结果能让你发现什么，改变什么"的人，他们淡定、坚持、自信，虽然曾经被怀疑、被忽视，甚至被放弃，但他们一如既往地努力和乐观，因此无一例外地走到了最后，笑到了最后！虽然我们做不了常胜的千里马，但我们可以做让人惊艳的"黑马"！因为你们现在正在经历每一匹"黑马"都经历的事情！

　　（二）承：直面惨淡，"黑马"再现

　　1. 观看视频

　　有人认为，考差了，就是失败，就是不成功，那请问：什么是失败？什么是不成功？下面请看北大才女刘媛媛的解读！

　　（播放刘媛媛在超级演说家中的演讲《面对不成功的人生》）

　　2. 刘媛媛金句

　　（1）承认失败多容易啊，比那种日复一日的坚持跟忍耐容易多了，但是我不服气！四年之后考研我又考回北大了。

　　（2）一个人一辈子不做任何尝试，不做任何冒险的事，也不为任何事情努力，他永远都不会失败，他都没有资格遭遇失败。

　　（3）你做过梦，你发过疯，你哭过、笑过、奋斗过，你爱过、恨过，你也后悔过，于是啊，芸芸众生中那么那么普通的一个你却拼尽全力活出最好的自己，又有谁有资格说你的人生不成功。

（4）每一个理想都值得你拿一生去拼命，人生这么短，我就选择做那种又盲目又热情的傻瓜，永远年轻，永远热泪盈眶，永远相信梦想，相信努力的意义，相信遗憾比失败更可怕，因为不成功的人生它只是不完美，但是它完整。

【教师总结】

黑马守则第一条：敢于直面惨淡，永远相信努力的意义！

人生就是一场马拉松，落后只是暂时的，只要没到最后，谁都没有资格说不行，说放弃！面对暂时的失利，我们要敢于直面，冷静分析。面对理想，我们要选择做那种日复一日的坚持，盲目又热情，永远热泪盈眶，永远相信梦想，相信努力的意义的傻瓜！

（三）转：痴心不改，花开不败

1.备考面面观

（1）成都崇庆中学：知识点上墙，楼梯贴满高考科目要点。（图）

（2）衡水二中高考百日宣誓现场。（图+视频）

【教师总结】

备考的时候，面对困难的时候，他们是这样做的！

其实，每一个准高考生也会遇到跟你们一样的问题，你们的怀疑和焦虑是普遍存在的。但聪明的考生会选择淡化它、克服它，用努力和信心带着自己的梦想奔赴考场！

2.故事分享：多少人熬不过那3厘米

一种只生长在中国最东边的"毛竹"，那里的农民到处播种，每天精心培养，种子萌芽了，即使农民们几年来一直精心照顾，毛竹也只不过长3厘米。别的地方的人看到这种情景，摇头表示完全不能理解。但是，竹子5年后每天以足足30厘米的速度生长着。这样只用6周就可以长到15米，这里瞬间就可以变成郁郁葱葱的竹林。虽然4年只长了3厘米，但从第五年便开始了暴风式生长。或许看起来6周好像发生了不可思议的变化，但之前的4年间，毛竹将根在土壤里延伸了数百米。我们身边也有这样的人，即使拼了命努力也看不到成果，即使不被人知道也坚持到底。当我们看到他们的时候，也许会认为他们很不幸或认为他们是傻子。但他们并不是在成长，而是在扎根，扎很深很扎实的根。等待时机成熟，他们会登上别人遥不可及的巅峰！也许你现在做的事情看不到成果，但不要害怕，你并不是没有成长，而是在扎根。

【教师总结】

"黑马"守则第二条：不抛弃，不放弃！

所有的努力都是值得的！因为你并不是没有成长，你只是在扎根！

（四）合：以梦为马，笑傲考场

1. 全班宣誓（用尽力气喊出来！！）

一百天里，你我枕戈待旦，问一句，敢不敢背水一战！

一百天后，你我奔赴战场，问一句，敢不敢为梦痴狂！

为了期望，我们晨星夜露，

为了彼岸，我们衣带渐宽！

为了理想，我们振臂高呼：

奋战一百天，冲锋的号角在耳边彻响。

珍惜一百天，雄心与智慧在六月绽放。

面对高考，我勇敢向前，信心百倍。

面对高考，我激情似火，斗志昂扬。

成败是非本无定，王侯将相宁有种。

卧薪尝胆搏百日，傲视群英我称雄。

【教师总结】

我要我所要的，纵使在现实面前撞得头破血流，纵使在高考场上输得一败涂地，这是我自己做出的选择。

花儿开过了。我们承认也好，忽略也好，只要花开，就会不败！

七、后续跟进，不断为学生鼓励打气

5. 资源整合，学科渗透

班主任可以整合资源，充分发挥科任老师的作用，将课堂这个舞台作为教育的圣地。因为课堂始终是教师教学中最重要的舞台，一个懂得享受上课、享受课堂甚至善于研究教育教学的教师，课堂自然会成为其享受幸福的重要舞台。营造一个充满生命活力的课堂，依据教学的需要，可适时穿插德育教育，如语文学科可利用课前三分钟进行励志宣讲，数学可以利用坐标寓意人生轨迹，英语可以引领学生环游世界等。科任老师和学生打成一片，和学生一起分享、一起痛苦、一起欢乐、一起品味生活，班主任老师就会少了许多教育教学的焦虑和烦恼。同样，在这样的课堂里，师生表现是民主的、平等的，学生更容易接受任课老师的渗透教育，班级管理自然变得容易，所以班主任老师要善于整合资源，与科任老师一起打造课堂这一最重要的教育教学舞台。

小结

北师大肖川教授云："智慧是个体面对现实情境解决问题，以求得更好的生存、发展和享受的机智和策略。"

班主任开展的所有这些实践活动，都要捕捉契机：用班级日记观察与了解学生，用课堂三分钟演讲感悟学生。介绍自我，说生活，感他人，挖优点，醒缺点。这些活动在实践中彰显着智慧，学生喜欢你，那么我们班主任自然干活不累，这样的班级也好带，这就是我所说的实践凝结成智慧。这是一种精神文化，以激励为助推器，让优秀推动优秀，从而使得一个班集体好带，此为班主任的第二重境界。

王国维说："做学问、成大事业者，要达到第三境界，必须有专注的精神，反复追寻、研究，下足功夫，自然会豁然贯通，有所发现，有所发明，就能够从必然王国进入自由王国。"不错，做班主任有着同样的道理。我们与学生的交集越来越多，这样我们在实践中不断积累，不断反思，不断提升，悟出做班主任的妙招，感到做班主任的乐趣，然后每年都申请做班主任，因此，反思与研究，使自己爱做班主任，喜欢带班，这是班主任的第三重境界。

一、班主任反思实例

反思，是浓缩智慧精华的一种形式。

班主任要善于反思。因为智慧的形成是一个漫长的过程，而班主任教育智慧的形成是要结合自己的亲身经历，收集在实践操作中大大小小能触发心灵的"贝壳"般的闪光点，通过自觉的积累，反思、提炼成为自己的秘诀。教育反思，实际上是反思者对自己的教育经历进行积累、综合、分类、总结、分析、提炼汇聚的过程。在这里，反思者自身的经历（经验）很重要，反思者相关的阅历、悟性、学识和知识背景也是十分重要的，因为反思者阅历越丰富，反思越全面，得出的智慧越实用。一名智慧的班主任，就必须做一位思考的行者。班主任要学会反思，学会研究，在反思中沉淀教育的智慧，在研究中生成教育的智慧。

美国心理学家波斯纳指出，没有反思的经验是狭隘的经验，最多只能成为肤浅的知识。如果教师仅仅满足于获得经验而不对经验进行深入的思考，那么他的教学水平的发展将大受限制，甚至会有所滑坡。为此，波斯纳得出了一个教师成长公式——"经验+反思=成长"。这个公式体现了教师的成长过程应该是一个经验总结、问题捕捉、实践反思的过程。同时叶澜教授也指出："一个教师写一辈子教案不可能成为名师，如果一个教师写三年教学反思就有可能成为名师。"班主任的工作也应如此。班主任专业化成长贵在学习、实践，重在反思。实践后反思，可以提高能力，这是班主任专业化发展的有效途径。

（一）班主任反思的内容

（1）反思实践的过程是否有漏洞。

（2）反思处理案例的方法是否得当。

（3）反思若遇新案例的智慧处理方法。

积累后的反思，不能全盘照搬。相信很多人都在学习魏书生的教育理论与实践操作，学习了十年，二十年，甚至三十年，但如今还是只有一个魏书生。这就是我们在学习中没积累，积累没反思。又如，就算仓促中积累了某一个案例的具体解决方法，但不反思，马上就拿来应用，这只是依样画葫芦，如果不能活学活用则还有可能弄巧成拙。比如，陶行知的"四块糖"的例子，一直被我们奉为德育的精华，但时代变了，社会环境变了，学生的思想状况也变了，有谁真正想过教育家的"四块糖"的运用背景，如果我们不考虑实际便照"四块糖"解决问题的方法解决问题必将弄巧成拙。我们经过反思，明白了这个例子要学的、积累的主要是陶行知先生德育工作的爱心和艺术性。

（二）班主任反思的形式

反思的形式灵活，即处理事件后要反思，可以写在手机上，把思考到的、悟到的用一两句话加以表述；可以写成文章等，这种自我反思，实质是聚集智慧。如：

案例展示一：

来自学生一次迟到的独白

昨天下午，因为某些问题影响了我的睡眠质量，从而导致了下午不幸迟到而旷课三节。本人对此深表遗憾和愧疚。2012年2月14日，在这个风和日丽、万里无云的中午，由于刚吃饱饭，整个人难以入睡，所以我便以一种"横看成岭侧成峰，远近高低各不同"的姿势静静地躺在床上，手里拿着一份《篮球先锋报》，里面的内容深深地吸引了我。这种吸引力堪比地球重力，真的是比万有引力更给力。因而，我一鼓作气地由第一版读到最后一版，这种迅雷不及掩耳之势连我也惊呆了。看完后，我小心翼翼地折叠好报纸，放在一个属于它的角落，而后，我就像一条"待宰的砧鱼"一样，睡在我那张由六块板拼凑而成的有花边的床上。我长舒一口气，意识到是时候睡觉了。于是我一个鲤鱼打挺，左手拿着被子，右手抓着床沿，运用腰上的力量把被子像扯面条一样，狠狠地抽出来……我睡得很香，结果就上演了迟到的一幕。老师，请原谅我。

我的感悟：

我当时很恼火，明明迟到了，还没完没了地为自己找借口，便严厉地批评了他。可是过后，再次看到这个独白的时候，反思当时的处理，平心静气地想想，难得有这样真诚的学生，何况对一次迟到都写得淋漓尽致，我们何不更好地引导他，挖掘其写作的潜能，发挥其闪光点呢？也许，这就是教育的智慧！

事实上，我们应该看到，班主任工作过程中的实际问题是层出不穷的，而且处在不断变化之中，不确定因素很多。需要我们创造性地工作，而不是照搬现成的方法。同时教育问题从来就没有包治百病的灵丹妙药，需要创造性地工作，更需要提高理论修养。

案例展示二：

一本突如其来的笔记本

2017年12月28日，傍晚，学校的李校长来电，说学生在垃圾池捡来一本笔记本，让我重视查看和处理。回到办公室，桌上放着的是一本美丽又特别的笔记本，从封面来看，这个笔记本不一般。随后我翻开笔记本一看，吓一大跳。里面每一句话都蕴含着一条生命在轻生的念头，而且最后的决心更为坚定（2018年3月了结，还有5个半月，你们将看不到我了。）从写日记的时间10月30日来看，再过5个半月的时间刚好是我们的校庆。这个信息犹如晴天霹雳，我们该怎么办呢？是查？还是当什么事都没发生？要是查，8000来人的学校，就一本笔记本，人海茫茫如大海捞针，如何查？就在犹豫不决的时候，耳边有一条生命在呼唤："救救我"，最后我还是坚定下来，一定要尽最大的努力查，挽救一条年仅17岁的正值青春的生命。可是从何查起，就凭一本从垃圾池捡来的笔记本？冷静思考最为重要，先做好统筹。

于是，我组织政教线的人员和班主任成立专案调查组，大家分工合作。第一，先根据我们校每天倒垃圾的时间和清空垃圾的特点，决定从垃圾池查起，查闭路电视，翻看捡到笔记本的时间是什么时候，然后排查倒垃圾的班级，缩小范围，再按笔记本的信息让班主任一一落实。就这样，我们认真地排查，一个星期下来结果还是零。眼看快放寒假，春节又到了，就这样，这件事告一段落。在此，我们为排查毫无结果感到郁闷，彷徨不安。大海捞针谈何容易。可是，没有可是，人的生命是宝贵的，我们就是再难也要想尽办法。

开学了，3月中旬也快到了，意味着这条生命的"世界末日"即将来临，在这关键时刻，我重新审视，拿起本子，再一次仔细研究，不放过里面的每一个字流露的信息，甚至连标点、数字书写样式、笔势都牢牢记住。然后我再深思熟虑，利用开学时填写的注册表来排查，校对信息和字迹。就这样，我重新设计了注册表的内容（如详细的家庭人员、地址、家长的联系电话等），再一次组织全体班主任开会，布置填写和根据信息逐一排查核对。由大范围到小范围，由班主任到语文老师，由注册表到作文《我的一家》的书写，等等。终于功夫不负有心人，这个学生终于浮出水面。我们挽救了一条正值青春年华的生命。我们为自己鼓掌，为自己点赞！

我的感悟：

突如其来的笔记本风波胜利告终。也因这件事，引起了我的思考。目前随着信息的不断更新，学生思想也越来越复杂，难以捉摸。近年有轻生念头的学生增多，我们作为一线的教育工作者该如何引导和教育，真的值得深思！我总结了但凡有轻生念头的学生大多有几个共同点：①心理问题严重，抑郁，精神分裂；②对家庭教育的不满进行抗争；③经受不起挫折、困难，一时冲动。他们选择轻生的时间：①夜深人静时，独自一人胡思乱想；②阴天下雨时，人的心情尤为低落，容易陷入困境，想不开；③众人喜庆，唯独我自哀。另外，也要引起教育工作者的重视，我们要学会排查学生的心理问题。学会关爱学生，了解学生的家庭和学生的兴趣爱好！

二、班主任写作与研究实例

写作，彰显智慧成果。所谓写作，就是用记录收集法每天坚持在适当的时间将自己的反思和感悟及时地记录下来。

（一）长于写作

作为班主任可以写什么？我认为，凡是在生活中看到的，实践中实实在在做到的，能触及心灵的东西都可以记录下来。比如，可记录教育教学中碰撞出的思想火花；可记录在班级教育与管理中成功或失败的经验；可记录对"三特学生"（特殊家庭、特殊体质、特殊心理）的跟踪教育；可写教育随笔、学期工作计划、学期工作总结、经验总结、教育论文等；既可以写活动的开展与落实、学生的成长，又可以写自己的成长等。

作为班主任更重要的是教育案例撰写，这是班主任走向成熟与睿智的捷径。在写作中再现实践情景，在写作中思考良策，在写作中完成自我再提升的过程。朱永新教授讲过："每天坚持写千字文的教育随笔，不出三年，必有大成。"所写的理念和案例根据自己的实际需要日后可应用到实践中去，也可慢慢回忆，慢慢品味，享受教育的快乐！

写作案例展示一：

今天看了一本《青年文摘》，看到一个词，引起我的思考，突然心血来潮，写下此感悟："慎独"一词，出自秦汉之际儒家著作《礼记·中庸》一书："莫见乎隐，莫显乎微，故君子慎其独也。"所谓慎独，就是在别人不能看见的时候，能慎重行事；在别人不能听到的时候，能保持清醒。

最隐蔽的东西往往最能体现一个人的品质，最微小的东西同时最能看出一个人的灵魂。而慎独说到底其实就贵在这三个"如一"：

一是言行如一，为情操；

二是心口如一，为良知；

三是始终如一，为坦荡。

始终如一可谓慎独中的最高境界，因为它的背后是一个人处事的坦荡之志。因为长久的慎独，讲求的是内在的定力，是古人常说每日三省吾身的省思，是在无人时、细微处，如履薄冰、如临深渊，始终不放纵、不越轨、不逾矩。

写作案例展示二：

看了《飘香一剑》电视剧后，我对伊风的话有所感触，写下：人生终于悟得，众生有命，有人为爱愿意牺牲一切，有人为恨吞噬一切，有人觉悟超凡脱俗，看似各走其路，其实同一因缘。这半生经历的爱恨正邪，只是变换中的一息，而众生模样，也在转念之间。忘掉所看过听过的，纵然痛苦，但只有了知虚妄，目视真相，明了此生。

写作案例展示三：

今年的"三八"妇女节，所有的单位都开展了丰富多彩的活动，而作为负责女工的我也想组织活动，可是根据学校的实际情况，暂时不能开展。灵感来临，突发奇想，写下此文配图推送以表庆祝，想不到姐妹们也对此乐不可支，感恩！

2019年，我们简单，我们快乐

亲爱的姐妹们："三八"妇女节，节日快乐！

冰心说："世界上若没有女人，至少要失去十分之五的真，十分之六的善，十分之七的美！"你们是真，你们是善，你们是美！

你们虽然没有坚实的臂膀，却点缀了校园的美丽，撑起了学校的一片蓝天，装饰了家庭的和睦；你们虽没有强壮的体魄，却以美好的心灵，激荡着创造共同事业，彰显着强烈的责任心和使命感。

你们用微笑装点了事业的春天，用温柔和智慧收获丰硕的果实，用真情和执着放飞希望与梦想。广东高州中学的发展凝结着你们的心血和汗水，镌刻着你们的奋斗和奉献！

同时，你们的勤勤恳恳，你们的任劳任怨，你们的绝美笑靥，你们的五彩缤纷装点了大家的世界！学校感谢各位的辛勤付出！

我们坚信广东高州中学的明天一定会因为有你们而更加美好！这个春天也会因为有你们而更加绚丽多彩！

亲爱的姐妹们，广东高州中学这个大家庭使我们有缘相聚，我们应心灵相通，让我们在每一个前进的步伐中，超越梦想。2019年，让我们携手奔跑，追求卓越，广高必胜！

最后，送大家一首诗：

> 有一首歌最为动人
>
> 那就是师德
>
> 有一种人生最为美丽
>
> 那就是教师
>
> 有一种风景最为隽永
>
> 那就是师魂

不要说我们一无所有

我们拥有同一颗火热的太阳

我们拥有同一片广博的天空

在同一片天空下

我们用爱撒播着希望……

今天是你们的节日——"三八"妇女节，祝各位节日快乐！

（二）精于研究

研究，挖掘智慧的宝藏，这是智慧形成的最高境界。研究能把积累的素材，经过反思，有条不紊地收集起来，再整理、分类、组合，然后寻找规律性的东西，用写作的形式将这些"小拾趣"上升为理论体系，形成具有自己独特风格的新理念，然后在日后工作中不断呈现这些"小拾趣"的经验作为实践的依据，让工作得心应手。另外，还可以为教育工作者提供有效的、可借鉴的教育理论和教育方法。正如苏霍姆林斯基曾说："如果你想让教师的劳动能够给教师带来一些乐趣，使天天上课不至于变成一种单调乏味的义务，那就应当引导每一位教师走上研究这条幸福的道路。"

研究案例展示：

还借款

有个商人挺慷慨，曾经有钱的时候都是大把大把地把钱借给四面八方的朋友。直到有一年，因为投资的原因急需用钱。怎么办？登门催讨吧，这显然有点不太合适；不去催讨吧，又的确有点吃不消。于是他灵机一动，在自己的商厦门前贴出了一张醒目的告示，上面写着：年关将至，银根吃紧，请下列还款者务必快点还钱。那个告示上还公开了一个个借款者的名字——只不过这些名字清一色都是虚构的。看着这张告示，众多的借款者发现告示上的一大串名字中唯独没有自己的名字，便认定老板对自己最好，最够"哥们儿"，于是出于感谢他们迅速地还清了借款。

面对这个故事，我深入思考，拿来和同事一起探讨，从而体会到：故事告诉我们做任何事情，都要善于思考，善于创新，同样是一个结果，你会怎么宣布；同样一个活动，你会怎样设计；同样一个制度，你会怎么适应；这就需要我们不断改变，研究、创新，汇聚智慧，个人体会的实践不一样，方式方法不一样，幸福感不一样，故有时候一点点创新，都可能会给你带来更多的惊喜和幸福！

回顾往昔，我们一直把自己看作是教育理论的旁观者和消费者，认为"研究"只是专家学者的行为。我们只是一味地工作，再工作，这种认识不知何时已禁锢了我们的头脑，限制了我们的思维。实际上，课题研究，对于班主任来说，有着天时、地利、人和的绝佳优势，课题研究可以让班主任有意识地将自己实践中的理论与实践方法有效地结合，进而形成一系列行之有效的教育理论，从而提高班主任的专业能力。

（三）如何开展课题研究

1. 什么是课题研究

课题研究是运用严密的科学方法，从事有目的、有计划、有系统的认识客观世界、探索客观真理的活动过程。

2. 课题研究的步骤

（1）选组员——确立课题组核心人员

为了更好、更容易、更高质量地开展课题研究，课题组人员的组合要合理。一般课题组成员最多为12名，重点课题组为6–8名，组员要各有优势，比如，有下笔如有神的，有收集资料勤快的，有电脑高手，有课堂演绎精彩的，各有特长；还要有不同职称，等等，这样的组合，大家各司其职，各显优势，成员积极配合，热情高涨，高效完成研究任务。

（2）选题——确立研究课题

选题要从实践中来，从问题中提炼，最后得出课题。比如，平时在实践中常常会遇到很多问题，我们可以先用语言文字描述问题现象，然后大家共同讨论，找到问题关键所在，进而确定研究的课题。选题时要明确研究的背景、对象，角度要细化；并且研究的问题必须要有价值性、现实性；问题要明确、具体；问题要有新意、独特（解决未曾解决的或尚未解决的、需广泛查阅文献资料的）；问题还要有可行性等。比如：

困惑：边远地区班主任培训机会少，班主任自我提升素养困难。

触发思考：怎么办呢？怎样才能让边远山区的班主任有更多的机会进行培训，得到提升呢？

衍生课题：边远山区班主任培训模式研究。

避免研究的课题选题没有问题，问题不集中，或者概念过多，表述不清，问题范围过大，难以研究。

（3）立项——撰写课题申报书

撰写申报书内容包括：

① 课题研究背景、核心概念的界定、国内外研究现状述评、选题意义及研究价值。

② 课题负责人及课题组主要成员前期相关研究成果。

③ 课题研究目标、研究内容（包括重难点分析）和拟解决的问题。

④ 课题拟采取研究方法及可行性分析。

⑤ 课题主要特色及创新之处。

⑥ 本课题预期的研究进展（包括研究时间及阶段性工作要点）及研究成果。

⑦ 完成课题的保障条件（如配套经费、所在单位条件等）。

其中背景要接地气，概念界定要准确，国内外现状述评要广泛，且要为课题研究提供有力的研究基础，确定的课题意义与价值要实际，如课题"茂名地区中小学班主任专业成长培养模式研究"核心概念界定如下：

茂名地区：位于粤西，包括高州、信宜、化州、电白和茂南区，属于广东省经济欠发达地区。

中小学班主任专业：指的是中小学教师从事班主任工作所需德育理论知识、德育策略、德育方法与技巧、德育能力与水平、德育经验等。

班主任专业成长：班主任通过系统学习和实践获得这些方面能力的过程。

本课题的"培养模式"是指在德育工作理论指导下，按照班主任专业成长的培养目标，通过相对稳定的培养机制、管理制度和评估方式实施班主任专业成长教育的过程的总和。

研究的方法可操作。研究的方法一般包括调查研究法、文献研究法、行动研究法、实验法、总结归纳法、以点带面法等；确立的研究目标要高效，易操作，可行性强，不宜过多、过泛，容易研究的为佳。比如，课题"茂名地区中小学班主任专业成长培养模式研究"所采用的研究方法有以下几种：

调查研究法：采用调查表，对本区班主任专业成长情况进行调研，进一步了解本地区班主任专业成长的现状。

文献研究法：查阅相关法律法规和教师专业发展的学术成果、专著，确定课题研究目标和内容。

行动研究法：制作班主任培训课件，构建培训基地和网络，增强本地区优秀班主任的交流与学习，发挥班主任工作室带头人的引领作用，开展多种培训活动。

总结归纳法：根据教育实践，撰写论文，总结班主任专业成长的途径。

以点带面法：以省名班主任曹铭珍工作室为总课题研究中心，各市名班主任工作室为子课题组，根据自己学校的实际情况确立子课题。

（4）研究——运用科学方法开展研究

研究要到实践中去，目标是解决一个问题，突破一个问题，形成规律，但这个过程要选好研究方法，有序地开展研究，做好材料的收集，如方案、照片、视频、班主任感言、学生感言、活动总结等。

课题研究案例展示：

课题"茂名地区中小学班主任专业成长培养模式研究"的研究报告

一、课题研究的主要过程和活动

（一）明确责任、全员参与

为使我们的课题研究工作能够顺利开展，使课题研究走向规范化、科学化，课题主持人曹铭珍老师高度重视，在思想上动员课题组成员大胆创新，勇于实践，并明确分工。课题研究小组成员名单及分工如下：

组长：曹铭珍。负责课题整体规划，落实课题研究经费、研究人员，协调解决研究中的问题，保证课题研究的顺利进行。

副组长：蒉小杏。主要负责主持各项研究，落实课题整体规划研究，管理好课题研究经费、研究人员，协调解决研究中的问题，保证课题研究的顺利进行。

组员：（略）进行课题调查、分析、研究、总结。

（二）课题研究主要活动设计

第一阶段：准备阶段（2017年1月—2017年3月）

① 召开开题会议，学习课题相关文件及课题基础理论。

② 组织教师查阅相关文献资料，了解当前国内外与本课题相关的研究情

况，理解课题内涵，明确研究目标。

③ 课题组成员统一观点和思路，研究具体实施方案，落实具体的分工，制定详细的研究计划。

④ 撰写开题报告，落实开题报告会议。

第二阶段：实施阶段（2017年4月—2018年11月）

① 通过调查了解班主任专业成长发展现状及制约因素。

② 根据研究方案，全面开展各项系列研究活动，得出有效的本地区中小学班主任专业成长培养模式，做好活动记录及资料收集整理工作。

③ 进行课题研究中期论证，撰写阶段性研究报告及专题论文撰写，总结课题研究中存在的问题及下一阶段工作布置。

第三阶段：总结阶段（2018年12月—2019年5月）

① 整理研究过程的资料，整理课题内容、论文，完成案例、报告等各方面的资料整理。

② 召开课题组会议，回顾实践过程，总结研究成果，撰写课题结题报告。

③ 召开课题组结题大会，做好课题研究的总结、评价及效果反馈工作，进行成果展示。

二、课题研究计划执行情况

两年来，课题能按计划、扎扎实实地开展。课题组针对课题研究中的问题，拟定了课题实施方案与计划，保证课题有序进行。两年来，课题组举行市内外课题研究活动20多次，参加上级科研活动10多次。为保证课题研究的质量，课题组还严格执行考勤制度，从出勤率上保证课题的开展。

三、课题研究变更情况记录

四、课题研究成果发表获奖情况

（5）结题——撰写课题结题申报书

结题就是将研究过程积累的材料提炼成文字材料，并形成可推广的有效的操作方法，将收集的活动总结、图片、感言等材料汇聚装订成册作为佐证材料。

结题的意义体现在：一是提升经验，即将零散的、琐碎的东西转化为系统的、感性的材料，再上升为理论性的东西；二是丰富理论；三是转化为成果，即将研究的经验形成规律性的东西进而从班级到校级到市级的层层推广；四是锻炼队伍的能力；五是促进学校的发展。

结题前的一般步骤：自我鉴定评估—资料收集整理—形成规律，得出成果—准备材料—申请结题。

结题报告申请撰写内容：①问题的提出（课题背景、目的意义、研究价值等）；②国内外研究现状述评。注意述评要客观、全面、归纳总结，留有余地；③研究目标、内容、方法、主要过程简述；④研究结论及结论分析，注意核心概念界定、主要发现或结论、创新点、成效及分析等；⑤成果转化情况及应用前景；⑥研究中存在的问题及研究的反思设想。

结题报告的成果展示注重数据、事实，简练、直观，还要体现出研究的问题与结论的因果关系。

（6）推广——课题成果鉴定申报

课题研究案例展示：

"茂名地区中小学班主任专业成长培养模式研究"结题报告

一、课题研究背景

2006年《教育部关于进一步加强中小学班主任工作的意见》对班主任工作的重要性、班主任任职条件、职责及如何加强班主任工作，都提出了明确的要求，并首次明确了"班主任岗位是需要较高素质和人格要求的重要专业性岗位"。2010年国家和广东省颁布的教育中长期发展纲要中明确指出"坚持德育为先"。同时也给出了中小学班主任的培养、培训和激励机制。以上论述不仅为本课题的研究提供了依据，也为我们指明了研究方向。

中小学德育工作是学校工作的重要组成部分，德育工作的好坏直接关系到学校未来的发展。因此，如何开展有效的德育工作，养成学生良好的行为习惯，培养高素质的人才是中小学的重要课题。德育工作的开展主要在班级，中小学班主任是德育工作的主要执行者，因此，班主任队伍专业水平的高低直接决定了德育工作的成效。

培养一支高素质的班主任队伍成为中小学德育工作的首要任务。茂名位于粤西地区，属于广东省偏远欠发达地区，人口众多，人们务实进取，重视教育，但留守儿童多，家庭教育缺失，教育资源分布不均，班主任工作缺乏专业的培训，工作时间长，任务重，责任大。因此，班主任队伍建设还有很大的提升空间。可喜的是，近年来，随着国家、省、市教育部门对班主任工作的重视，引领班主任专业成长的各级班主任工作室正像雨后春笋般蓬勃发展，本地区的班主任工作由以前的无章可循变为有固定组织、逐步完善的制度、专业的培训人员和可操作的培训内容的系统性工作。班主任工作的成员和学员从广大的班主任队伍当中选拔，有着高度的责任心和较丰富的班主任工作经验，率先培养一批有热情有素质的优秀班主任，实现以点带面，进而促使本地区的班主任工作得到阶段性进展。

然而，我们也清醒地认识到：在前期的探索中，我们还存在着比较大的阻力，如二胎时代来临，给学校班主任工作带来压力，这种新时势新问题。又比如本地区留守儿童多，各校班主任素质参差不齐，家庭教育缺失对学校教育的影响，班主任工作时间长，效果不明显，待遇不高，安全责任大，风险高，班主任培训体系不够系统和完善等老问题。

针对以上现状，为了进一步加强茂名地区班主任队伍建设，探讨班主任工作规律，建设一支适应时代要求的高素质、专业化的班主任队伍，提高德育工作的时效性和针对性，我们确定本课题为"茂名地区中小学班主任专业成长培养模式研究"。

二、国内外研究现状分析

国内关于班主任专业成长的论述主要有以下几方面：①理论指导专著：张万祥的《专业发展梦之旅——做一个专业的班主任》一书中八个专题，分别邀请专家从教育学、心理学、管理学等多个角度进行了深入浅出的解读，全书分别从沟通能力、读书习惯、写作能力、总结反思、职业道德、实践智慧、应对挑战、网络技能等八个方面具体介绍班主任的专业能力发展要求，为班主任的自我成长指明了方向。②理论指导和案例相结合的专著：如由华东师范大学出版社2010年出版的《中小学班主任专业成长：理论与案例》，作者是陈向阳，该书从班主任专业成长的角度为广大中小学教师介绍了班主任自我专业发展的基本路径、方法和策略，并提供了近百例优秀中小学班主任工作案例及其案例赏析。既有理论指导也有案例分析，理论与实践结合，实用性强。③某地区某学段的班主任专业成长某种模式课题研究：如《小作家选刊：教学交流》2013年刊登的肖雨航老师的《"导师制"培养模式在班主任工作中的优势》主要针对中学新班主任培养提出了"导师制"的培养模式，通过以老带新的方式，传授班主任工作经验，有一定的效果，但仅属于入门阶段的班主任工作指导，缺乏梯度。比如，天津市河西区教育中心幺青撰写的《班主任专业素养发展"五位一体"培养模式探论》主要针对中学班主任专业成长培养介绍了"学习反思、专业引领、教育实践、个案研究、评价激励"五个方面为一个整体的培养模式，对本课题有一定的指导意义，但本课题在研究背景和内容等方面都有所不同。

总的来说，中小学班主任专业成长培养模式的研究理论已经比较成熟，成功的个案也很多。但多数是从班主任自身出发，阐述专业成长途径，欠缺可操作性的以学校为主体的促进班主任专业成长，建设优质班主任队伍的培养模式研究。针对这一现状，本课题结合本地区特色，开展有效的探究，期望收获一定成效。

三、课题研究的界定和研究意义

（一）概念界定

茂名地区：位于粤西，包括高州、信宜、化州、电白和茂南区，属于广东省经济欠发达地区。

中小学班主任专业：指的是中小学教师从事班主任工作所需的德育理论知识、德育策略、德育方法与技巧、德育能力与水平、德育经验等。

班主任专业成长：班主任通过系统学习和实践获得这些方面的能力的过程。

本课题的研究内容主要是在德育工作理论指导下，立足本地区班主任的现实需求，寻求提升班主任自身专业能力的培养机制，以达到减轻班主任负担，提升班主任幸福感的目的。

（二）研究意义

为茂名地区中小学班主任专业成长培养提供可操作的范本。因为受到相同的地域因素影响，本地区的班主任专业成长有其共同的地方，因此，同一地区同一学段的班主任培养有其共同的特征，即使是不同学段，也可以借鉴其教学理念，为己所用。因此，本课题总结出来的培养模式能为本地区的班主任培养提供参考范本。

四、课题研究目标与内容

（一）研究目标

（1）通过对本地区中小学班主任专业成长培养模式的探索和实践，增强班主任专业素养，提升班主任专业化发展水平。

（2）完善班主任队伍专业化发展的培训机制。

（3）引领班主任"做一个幸福、智慧型班主任"，从而提高班主任德育工作水平和成效，促进本地区德育工作健康发展。

（二）研究内容

（1）工作室根据学校实际和班主任工作的需要，确定和细化班主任专业成长的培养目标和实施方案，形成校本班主任培养机制。

（2）加强工作室之间的合作和交流，汇聚智慧，探索班主任培养机制的共性，总结出适合本地区的班主任培养机制。

（3）以各个工作室为依托，优化本地区班主任培养机制，让本地区的优秀班主任可以形成一定的名师效应，也让本地区的广大班主任能足不出户便领略到优秀同行的育人魅力，形成良好的德育氛围。

五、研究过程

本课题分三个阶段进行：

1. 调查研究，准备阶段（2017年1月—2017年3月）

用调查法调查本地区班主任专业成长情况，进一步了解本地区班主任专业成长的现状。查阅相关法律法规和教师专业发展的学术成果、专著，确定课题研究目标和内容。

茂名位于粤西地区，属于广东省偏远经济欠发达地区，人口众多，人们务实进取，重视教育，但留守儿童多，家庭教育缺失，教育资源分布不均，而且学校的重心倾斜在升学率上。一直以来，班主任工作缺乏专业的培训，工作时间长，任务重，责任大，很多班主任都只是被动接受学校任命，鲜少有人主动自荐，甚至有人从茂名首批省名班主任工作室中途退出。现随着茂名市教育局加大对班主任工作队伍建设的重视和投入，积极推动省、市级名班主任工作室的筹建，工作室的发展前景可期。但工作室成立伊始，成员、学员分散，学段多，包揽小学、初中、高中、中职等各个阶段，如何开展活动，形成常规机制，加大班主任培训等无例可循，需要不断摸索。基于本地区班主任专业成长面临的现状，我们认为要全面提升班主任工作的效率和幸福感是一项长期工程，不是两三年的课题研究就能改变的。因此，本课题组决定借助各级工作室的力量，在培养优秀班主任的同时，着眼于提升广大班主任的专业知识和专业能力，达到以点带面，以先进带动后进，进而达到影响以及引领本校甚至本地区班主任的专业成长。

2. 开展实践，研究阶段（2017年4月—2018年10月）

第一阶段：开启——碰撞研讨出主意。第一次集中，课题组以工作室名义，下达调查任务：不同县市、学校及班主任在德育管理层面遇到的问题；第二次集中，汇总研讨，归纳出现阶段德育工作开展面临的障碍。主要包括：学校需要班主任的担当履职、主动作为，但又没有足够的平台让班主任展示与提升，而且班主任工作繁杂，任务重，特别是新班主任工作没有头绪，很多方面都是应付式的"头痛医头，脚痛医脚"，没有思路，也不会系统化进行班级特色设计。因此课题组初步定出工作方向：即提高班主任的工作积极性，为班主任减负，提升班主任能力，引领班主任体会做班主任的幸福感。

第二阶段：携手——尝试磨炼明方向。工作室平台是以服务班主任，为班主任减负为出发点。于是活动的开展先在成员学员中实行，经过成员、学员不断分享，不断循环实践，加上鉴于茂名地区省名班主任工作室的特殊地位，工作室第一期汇集全茂名市的优秀班主任资源。在协助市级名班主任工作室成立的过程中，省级工作室和市级工作室逐渐结合起来，抱团发展；基于服务本校的目的，工作室工作模式又逐渐转移到学校中，与学校的管理有机融合在一起。历经多次尝试，工作室明确导师引领的方向。

第三阶段：筑梦——推进见效定命名。工作室不定期开展工作效果测评，收集班主任对开展情况的评价和反馈，以便调整和完善更加适合实际，易操作到位的内容和形式，然后向班级管理方面推进；在学校层面，工作室注重班主任、全体科任教师与学生的交流，把全班同学分为几个小组，让每个科任老师担任组长，科任老师不定期与学生进行交流，留意学生的思想动态，从学习、生活等方面关怀学生，推进优化了班主任的工作。

通过对工作室工作全过程的梳理与提炼，借鉴"一带一路顶层设计"的做法最终确定了工作室"1+N传帮带组合管理发展模式"。

特色内容：1+N传帮带组合管理发展模式。

该模式的含义："1"指一个引领者，"N"指参与的人员，即把有共同兴趣、共同优势的几个人合成一个小团队，实行"三人行必有我师焉"的传帮带组合管理发展模式。

该模式的具体实施方法是传、帮、带。具体内容如下：

传。传即"传递""传授"。

（1）传递正能量思想，提升工作室成员、学员的教育理论修养和教育实践能力。打铁还需自身硬，工作室作为优秀班主任的集中营和孵化器，肩负着成就个人，引领一方的责任。作为打开本地区班主任培养局面的最佳切入口，工作室首先要提高自身的业务能力。

由于工作室成员、学员相对分散，因此，我们决定合并优势分组。首先，工作室通过"望闻问切"了解成员、学员所需和优势发展，并将他们按地区就近划分组合，给每一位学员分配成员导师，形成"1+N"的发展模式，如工作室主持人—若干成员；一个成员—若干学员；一个优秀学员—若干班主任。

其次，提升工作室成员、学员的专业能力，引领本地区班主任专业成长。①加强常规活动，强化理论素养。一方面，工作室定期开展学习研讨会，交流经验和体会，从而实现共同发展。每次研讨会做到有主题，有组织，有交流，有总结，有反思。另一方面，工作室引领成员、学员阅读经典书籍，撰写读书心得，内省外化；②参加各种培训，在学习中提高。工作室通过"引进来"让名师专家的教育成果惠及成员、学员和更多本地区的班主任，"走出去"让工作室成员、学员能实地观摩省内优质教育成果，学习新知，开阔视野；③搭建展示平台，在实践中提高。一方面，工作室举办市、县班主任专业能力大赛和组织观摩省、市大赛，这样提升工作室成员、学员的班主任专业技能和师德师风，同步重点关注班主任工作的获得感和幸福感，努力做到以人为本，共建和谐融洽、互助互利、共同进步的教育平台。另一方面，主持人指引成员利用自己做班主任的情怀、成长故事、班主任素材积累、反思提升能力等形成一系列有序的专题讲座，为学员和本校乃至本地区的班主任们传递专业技能和职业情怀，让广大班主任感受当班主任的幸福，如课题组主持人曹铭珍做的《班主任成长之路——做一名智慧、幸福型班主任》《教师成长之路——做一名智慧、幸福型教师》，课题组成员梁海娣2018年11月3日作的《做一名幸福班主任》，陈华娣2018年11月26日做的《做最幸福的"懒"班主任》，葛凤兰2018年10月22日做的《新入职教师如何规划班主任工作生涯》，陈国荣2018年3月27日做的《搭建平台共同成长》，以及刘世安2018年10月15日做的《班主任与家长沟通的艺术》等专题讲座反响热烈，深受好评。

帮。帮即"帮助"。

经过传授与实践，成员、学员有了一定的班主任专业技能，并根据每个成员、学员不同的学段，以工作室为平台，开展"帮助班主任减负和答疑解难"的有效活动：①提供如何开展班级文化建设的方案。例如，小学的书香文化、水文化等；初中的孔子文化；高中的感恩、励志文化等；②根据每个成员、学员所带学段的班级而共同制作相应的系列化主题班会，上主题班会示范课。例如，高中的习惯、感恩、励志等系列，重大节日系列，考试前后系列，家长会系列，安全教育系列专题等；③工作室还为班主任提供情绪宣泄和班级疑难个案解决方法咨询，也为特殊心理问题学生提供了倾诉的心灵港湾；④工作室汇聚资源，帮助市志愿者团队进行多个公益项目的策划和实施。工作室为班主任真正做到了减负，推动了班级的发展。

带。带即"带领""带动"。

这一方法是"1+N"组合管理发展模式的深化，从带领到带动的转化。即1个省级名班主任工作室和N个市级名班主任工作室的结合，并将工作室的运作与学校的管理结合在一起，形成了省级工作室—市级工作室（即一个中心，几个辐射实操点铺开）；主持人—若干成员；一个成员—若干学员；一个优秀学员—若干班主任；一个班主任—若干科任教师；一个科任老师—学生小组长；小组长—若干学生等层层联结组合的精细化管理。科任老师通过小组长和其他组员了解本组学生的思想、学习、纪律、生活、家庭动态等，并及时建立档案，做好记录，跟踪教育，每月向班主任汇总。期间遇到疑难的个案再由班主任跟踪落实教育。反之，一些疑难问题也可以通过这个模式，从学生层面逐层反馈给工作室，便于问题的收集，也为下一次主题研讨提供案例。这样环环相扣，层层配合，分工协作，落实到位，无形之中分解了班主任的工作，减轻了班主任的压力，使得班主任向幸福和智慧型班主任迈进。另外，工作室也带动了市志愿者公益活动的开展，推动了"1+N传帮带组合管理发展模式"项目的横向延伸。

3. 总结推广阶段（2018年11月—2019年5月）

经过两年的努力，省级和市级工作室的常规活动有序推进，不断探索班主任培养新形式，在服务本工作室成员、学员的同时，努力发挥示范引领作用，通过专题讲座、工作室开放日和竞技比赛等形式不断推进本地区优秀班主任资源的流动，工作室的实力得到了肯定，影响力正逐步提升。近年来，在省级工作室的见证和协助下，本地区的市级工作室如雨后春笋般发展壮大，"1+N"模式的延伸范围在不断扩展，辐射的范围也在不断扩大。

六、课题研究取得的成果

课题组以工作室为依托，有的放矢地开展各项工作，主要以"一个中心，20个辐射实操点"分组展开，以省名班主任曹铭珍工作室为中心，20个市名班主任工作室为实操点搭建平台，以点带面，多形式，多层次（有集中、分散；有"请进来""走出去"），多活动（有专题讲座培训、经验交流分享、班主任论坛研讨、班会课实践展示、德育课题研究、反思总结特色）等，助推成员、学员成长，讲质量，落实践，相互学习，取长补短，形成各自特色，进而辐射带动开展各项活动，效果显著。

在纵向层面上，课题组坚持"1+N"传帮带组合发展模式，这一模式是精细化管理模式的本土化应用，有效地解决了茂名地区留守学生多，家庭情况复杂，班主任工作压力大等难题。在横向层面上，课题组努力做到"三个坚持"，第一，坚持实践操作培训、展示和交流活动。①专题讲座传经验。工作室于3月26日在广东高州中学对第二届茂名青年名师进行培训、展示和交流活动。当天参与活动人数有来自茂名地区四县一市兄弟学校青年名师代表共150人，内容：有4个专题讲座，专家点评。整个项目活动辐射面广，影响大，收获甚丰，真正起到了工作室作为人才培训基地的辐射作用。同时课题组主持人先后做讲座30场，点评与参与论坛指导18场，然后引领成员结合自身优势做讲座，指导学员形成特色作讲座，层层推进链接成长，达到辐射效果。②教育研讨出智慧。工作室人员不断开展分享、研讨、论坛、班会等实践，帮助成员、学员提高自身能力的同时，也为普通班主任提供了一个观摩学习的机会，吸引更多的班主任主动加入班主任专业成长发展之路。③德育科研成理论。课题组积极开展班级文化建设，班级管理实践等德育科研，主持课题2个，参与课题4个，指导开展课题3个，并取得了一定的成效。另外，成员、学员也积极撰写了学习心得体会，教育论文，主题班会，成长故事或案例，做讲座，个人还获得了较多的荣誉并汇聚成集。④竞技比赛显风采。在茂名市第四届、第五届班主任能力大赛中，姚光婵、凌少映、梁媚海老师获得高中组一等奖；刘小凤、谭亚慧2人获得高中组二等奖，梁静云推荐为省第五批名班主任培养对象。

第二，坚持"引进来"的形式培训。课题组先后邀请茂名、湛江、广西等周边的名师前来指导，加强了区域间的教育交流。

第三，坚持"走出去"的形式进行培训。2018年5月21日—23日带领工作室成员、学员40人"走出去"，到中山桂山中学、中山纪念中学和王家文工作室一起进行培训、展示和交流活动，三天时间，听了6节精品班会课、2场专家点评、2场专题讲座。回来每人都写了高质量的心得体会。

具体成果有：《茂名地区中小学班主任专业成长培养模式研究报告》，相关课题研究8项，德育论文获奖52篇，开展讲座、班会获奖39项，德育荣誉185项（详见佐证材料）。专著《班主任成长的三重境界》初稿已完成，准备由东北师范大学出版社出版。

七、课题研究的认识与反思

（一）本课题的创新之处

第一，本课题总结出来的班主任专业成长模式，主要以工作室为依托，以一个支点撬动"N"的发展，以优促更优的成长。以一个引领者作为支点，发挥优势，以传、帮、带的方法带领班主任，带动学校，培训班主任，推动班主任成长，使得班主任的工作有效有序地进行，操作简单易效仿，同时也活跃了志愿公益事业。

第二，借用中医的"望闻问切"明确成员、学员的发展方向，有针对性地培育其成长，也探查学生心理问题，促学生身心健康发展。

第三，助力公益活动项目研发。工作室通过"1+N"模式的指引，直接挂钩团市委为市志愿团队活动的开展进行项目研发和实施，影响广泛。

（二）本课题的效果影响

第一，助推成长。几年来，成员、学员坚守在一线班主任工作岗位上，各展才华，第一期8位成员主持的8个工作室凝练了8个特色，其示范推广打开了本地区班主任工作的新局面；班主任工作热情有所提升，班主任专业能力大赛参与度增强，市级工作室主持人由第一期的10个到第二期20个的递增；利用"1+N模式"为志愿公益活动研发"引领阅读快乐同行——帮扶留守儿童"等8个可持续的品牌项目。

第二，高层引领。模式的开展，汇聚本地有利的资源，发挥山区高素质人才的主动性，让优秀推动优秀的成长，有效地为本地区服务，特别是活跃了山区开展课题研究。工作室的成员、学员多次被邀请走访指导本地区多所学校开展校内总课题的研究，到铺开子课题的研究，再到申报省市的课题研究；同时成员、学员承担起本地区新教师、骨干教师、骨干班主任等培训工作；主持人也应邀到多所学校做专题讲座。

第三，合作共赢。班主任、科任老师、学生三位一体的发展模式，遵循了协同育人的理念，提升了班主任细化管理班级的有效性，充分调动了全体教师的育人积极性，让班主任和科任老师更加紧密地形成合力，既提升了班主任管理班级的效率，又拉近了学生与老师的距离，增进师生之间的了解，有效落实了学校的育人任务，让管理更精细化更到位。这种化整为零、全员育人的德育模式很好地适应了茂名地区目前班额大、留守儿童多、班主任责任大、压力大等现状，给学校德育管理工作提供了一个范本。

模式的开展，从理念转化为行动，连点成线到面，在当地生根发芽、开枝散叶，为班主任开启发展新航程。

（三）课题反思

本课题组以各级班主任工作室为依托，在探索班主任培养机制的途中，我们收获着成功和喜悦。课题虽然已经结题，但班主任专业成长之路还很漫长，需要我们不断改善育人理念，自觉提升理论素养，勇于改革实践。今后的我们具体还可以向以下三方面努力：第一，求真。立足本土，脚踏实地，摸索科学方法，探寻工作规律，继续为山区班主任培优、送课送资源，干实事，干真事，提升当地班主任专业能力。第二，至善。不断完善"1+N传帮带组合管理发展模式"，形成有效的激励机制，培育班主任优良品德，涵养班主任智慧，孕育班主任整体素养，收集汇总出著作。第三，达美。培养创新求变意识，发展终身学习能力，提升班主任精神境界，感受班主任工作的幸福，做个幸福快乐的班主任。

班主任的研究，因其工作的性质不同，其研究的道路定是复杂烦琐的，也似在"游泳中学游泳"，辛苦劳累。但我们坚信，灵活挤时间，大胆创设，细心求证；敢于突破常规，尝试创新；耐得住寂寞，不急功近利；真正把课题研究做到深刻规范，相信这个过程必将是班主任形成专业特色的真实过程。

小结

经过反思、写作、研究的班主任，定是一位睿智的班主任。此时的班主任不仅把班主任工作视为一种职业，更视为一种事业，而且把它视为一种常态性、有幸福感的事业而兢兢业业。我相信这样的班主任工作是成功的，是实在的，他们在实践中表现出心态平和，淡泊名利，最终达到我们期待的结果——选择做一线班主任，此为第三重境界。

做班主任，累；做成功的班主任，又苦又累；做能实现王国维所阐述的三境界的班主任，苦、累、难！真要实现，决定于心态！我衷心希望做老师就要先做做班主任，步入第一重境界，锤炼自我；实现第二重境界，分享成功的喜悦；当然，更希望有更多的老师能超越自我，达到第三重境界，传递内心的和谐。

　　写作上常说"巧妇难为无米之炊",要求多积累素材,有了素材便下笔如有神。班主任工作也一样,因为班主任在管理班级时,所遇到的事情时有相同,倘若我们把曾经处理事情的经验都积累下来,到需要时再拿出来用,便会得心应手,也就印证了"纸上得来终觉浅,绝知此事要躬行"的哲理。

反思小素材

智慧亮剑　问题释然

——记2015年5月26日"喷眼风波"

【案例全景】

　　人生道路不是笔直的,它犹如奔流向前不复回的黄河,虽然有九曲十八弯,但是只要把弯曲处当作避风港,就能勇往直前、永不停息。教育之路也是如此,时而阳光明媚,时而风雨交加;时而笔直宽广,时而蜿蜒崎岖。然而,有智慧的班主任,就会一直栉风沐雨,披荆斩棘,开拓新途。哪怕遇上"山重水复疑无路"也要探出个"柳暗花明又一村"。这里向大家讲述"喷眼风波"这一案例:

　　2015年5月26日,早上8:30,我接到学生发来的信息——"老师,快来,我们班郭某和谭某打架了,郭某眼睛被谭某用辣椒水喷了,眼睛估计瞎了……"随即又一条:"老师,不是辣椒水,是什么喷雾剂。"不管是什么,我看了犹如晴天霹雳。第一反应:立马驱车往学校赶。天呀!还有10天就要高考，担任毕业班班主任7年，还从来没有过这样的现象。说时迟那时快，到校刚好碰到受伤的学生，赶紧往医院送，我一边安抚郭某，一边打电话通知双方家长，另外又打电话联系数学老师帮忙照看打人的谭某，并安抚、稳定他的情绪。到医院经过治疗后，医生说受伤的郭某眼睛没大碍。此时，我绷紧的神经才稍有缓和，心头似卸了块大石头。

原以为情况基本得到控制，考虑到高考在即，我原想回到学校再了解情况，妥善协商处理就行。可事情没有我想象的那么简单，郭某的家长还是担心眼睛的问题，让我一定要询问谭某，究竟喷了什么？出于对孩子健康的担心，我可以理解家长此举的初衷。然而这下事情就复杂了，肇事者谭某是我平时重点关注的学生，他性格内向，甚少与人交流，总是处于反攻击状态。若我此时严厉批评，必然大大影响他的情绪。再加上正值模拟考期间，为了减少其他不必要的麻烦，我与谭某的家长沟通协商，征求意见，让谭某考完试回家再作调查。就是这个错失良机的调查，让谭某和他的家长有时间钻空子。当我问起事情的缘由时，家长怎么都不肯说，反而恶人先告状，说我不分青红皂白，诬陷他的儿子，说我老是偏心受伤的郭某，却不关心他的儿子，甚至还粗言秽语。

面对蛮不讲理的家长，当时的我顿时火冒三丈。但多年的班主任经验告诉我现在不能发脾气，于是我最终还是忍住了。冷静以后，我再次与谭某家长进行不温不火的沟通，我说："家长，作为父母，谁都想自己的儿子好，有出息，你也不例外，为了更好地解决这件事，不影响学生高考，还请家长多为子女着想……"可话还没说完，"啪"的一声，对方挂机了？！事情一直拖到下午上课，我再次找到谭某了解情况，可谭某说："我妈妈说，老师问什么都等今晚再说。"一问三不答，金口难开。天呀，真是有其母必有其子。没办法，我只好一边安慰受伤的郭某的家长，又想办法解决这事。

时间到晚上自修，我灵机一动，想到了解决这事的一招，就是找证据，于是我对全班同学说："同学们，我们一家人本来很团结的，高考快到了，大家都在你追我赶，不过今天早上发生了一个小事故、小插曲，为了事情有个圆满的结局，还请大家拿出纸和笔，把事情的精彩过程写上一笔，把今天早上所见所闻叙述出来，同学的眼睛是雪亮的，请大家客观公正地写出来。"很快，每一位同学都非常配合，写完后，我一边收还一边滑稽打岔："看看，这就是优秀班主任与众不同的做法。"收完，我趁机教育学生一番："同学们，我们的大家庭虽有小插曲，这是正常的，大家别觉得奇怪，不过在这里我想说几句，首先，表扬'救架'的同学，表扬及时带郭某就医的同学，这些都是值得表扬的。另外，也送大家一句话，吃一堑长一智，经过这件事，我们要好好处理成员间的摩擦，家庭就应该和睦共处。"这些话既教育了学生，又赢得了学生阵阵掌声。

终于等到晚上8：00，双方家长见面了，我先让打架的两位学生写下事情的来龙去脉，再看情况和解处理，可事情也没我想的那么简单，谭某仍然不肯写真实情况，谭某家长也硬说不是他儿子打的，不知谁打就赖他，还句句说我偏心。我听了真是哑口无言，有苦吐不出。没办法，我拿出所有学生的描述让她看，她说不看，事实不是这样的。就是这样的问题家长，本来很小的事，到了她的身上却变成无法解决。后来软的不行，我来硬的，说："家长们，感谢你们的配合，既然双方家长在此，我作为中间人，是想方设法想帮助二位解决问题，既然你们不想解决，偏要把问题闹大，就移交公安局处理吧。"还没说完，谭某家长便理直气壮地说："不用你报了，我已经报了。"我说："那好，我们不用谈了，送到派出所解决吧。"于是我便装作站起想走，谭某家长见势不妙，这下缓和地说："问题还是班主任你处理吧。"从早上到晚上9点才听到家长说了一句像样的话。后来经过协商，家长和孩子都同意和解了。

（广东高州中学　曹铭珍）

【案例剖析与解决】

这个突发事件最后解决了，但是也给了我很多思考：也许有时处理问题真的不用考虑那么多，该处理时要尽早及时处理；另外，有时恰当的幽默语言可以缓和气氛；抓住良好的契机进行教育的效果更佳；同时家长教育孩子，言传身教很重要；最重要的是，此次事件也折射出一个更大的问题，每一位有问题学生的背后都有一个有问题的家庭或者家长。

【案例反思与升华】

回顾案例，我思绪万千。这个案例本是一件小事，但它却是我做班主任工作中遇到的一个棘手案例，经过这件事后，我又成熟了许多，总算体会到"柳

暗花明又一村"的快感!

当然,偶发的事件常常会令班主任怒火中烧。因此,作为班主任,能否控制住自己的情绪,做到处变不惊,冷静应对,当怒而不怒;能否对事件的性质做出准确的判断,力求迅速及时地处理;能否控制住场面,做到立场不乱,审时度势,灵活变通,这正是班主任综合能力的体现,也是班主任展示教育智慧,体现专业水平的机会。也因这个案例,我感悟至深:

1. 班主任要有宽容之心

面对学生的突发事件,必须沉着冷静,对于蛮横的家长更要控制好自己的情绪,善于与家长沟通,以免与家长发生冲突,将矛盾激化,造成不必要的麻烦,这种宽容、情绪的控制是一个教育者至高的教育境界,是一种智慧的表现。

2. 面对意外的发生,具备灵活变通的能力,这是智慧的深化

而这种能力大多表现在:对突发事件做出积极应对的处理能力;对处理过程中新增加的情境具有灵活变通的能力。这是作为班主任应该提升的能力。因为突发事件本身重在"突",它没有固定的公式定律,但是每一件都有其表象和内因,我们在处理时既要抓住表象,更要挖掘内因,从中思索应对的策略。如事件本来很好解决,但因为家长的不配合,伤了别人还恶人先告状,所以要妥善处理此事,必须找到家长的弱处,以其人之道还治其人之身。所以就有了案例中叫全班同学书写现场所见所闻的环节。再者,在家长一再维护儿子的情况下坚持说要报警,顺势推舟,让家长无所适从,最终无话可说,平息此案。这乃为审时度势,灵活变通的大智慧。

3. 事出必有因,追根溯源才能对症下药

对于此案例的分析,虽为突发的偶然事件,但也不是没有原因的,从与学生家长的沟通和对整件事的处理过程看,我更清晰地认识到:每个问题学生背后都有一个问题家长或家庭,这是不争的事实,也是教育的盲点,所以类似的突发事件,防不胜防。那么我们平时了解学生的家庭背景尤为重要。

【教育智慧升华】

北师大肖川教授说"智慧是个体面对现实情境解决问题,以求得更好的生存、发展和享受的机智和策略";而教育教学智慧则是优秀教师内在的秉性、学识、情感、精神等个人独具的性格化的东西在特定的情境下的表现。它常常表现为教师在处理教育教学情境时的自持、分寸感、敏锐与机智。教师可能事先无计划、没有预见，也不一定有规则和程序，但在特定的瞬间所表现出来的行为却是规范的、适宜的、流畅的、合理的。

然而班主任智慧的展现无定法，只是面对各种始料不及的突发、棘手问题时，班主任能够熟练地把握教育教学规律，机智敏锐地变换教育教学方法，灵活而不呆板、巧妙而不生硬地做出处理，并对学生因势利导，与家长和善有效沟通，进而及时而准确地分析和判断，有一定的胆识和决策能力，这些都是班主任应变能力的必要基础。具体地说，班主任应提高处理突发事件的能力，并汇聚智慧！主要有如下四点：

（1）处变不惊，冷静应对，提升当怒而不怒的自控能力。

（2）迅速及时，处理准确，拥有分析事件性质的判断能力。

（3）控制场面，审时度势，积攒临场灵活变通的能力。

（4）创设"通情"，选准时机，提高与他人巧妙沟通的能力。

（广东高州中学　曹铭珍）

爱让"作弊生"成为"优秀生"

【案例全景】

在我走上教育工作岗位的第七年，我担任高三（40）班的班主任工作。班上有一位叫李某良的男同学，胖乎乎的，能说会道，但学习效率较低，不肯动脑筋，平常成绩在班内排名靠后。在第一学期期末的茂名市第一次高考模拟考试中，李某良竟然考出了全年级文科第5名的好成绩，令所有老师和同学大跌眼镜。同时，很多同学提出了质疑，怀疑他弄虚作假，对李某良及班级造成了一定的影响。

【案例剖析与解决】

1. 了解实情，了然于胸

处理班级事情，首先要讲究公平公正，而公平公正地处理必须建立在现实基础上。我通过两种途径去了解实情：一是向科任老师了解他平时的表现以及对他获得这次成绩的看法；二是比对他的答题卷和参考答案。结果发现，他填写的答案与参考答案基本一样，有些题目连字眼字数都完全一样，因此，我们一致认为他有很大的作弊嫌疑。

2. 寻根究底，找到症结

事出必有因，了解事情的原因，有助于我们客观地处理问题。通过观察，我有两个发现：一是李某良在同学面前很爱表现自己，经常做些较大的动作引起同学注意，如大声说话。二是李某良同学常常与同桌说压力山大，父母对他的期望很高，还常在亲戚朋友面前吹嘘儿子的成绩，使他压力很大。

3. 针对病因，对症下药

一切准备就绪，在自修期间，我邀请李某良到安静的学校操场散步和谈心。首先，我充分肯定了他的进取心，为取得好成绩而努力。然后，我说："你的答题卷和参考答案基本一样，如果你真的有这样的能力，该多好，你能否教教同学？"引导他说出自己"作弊"的事实，并认识错误。最后，我举实例向他说明几个道理：高考考场上没人能帮你，除了你自己，平时不要自欺欺人；望子成龙是所有父母的共同希望，好好与父母沟通，平常心对待父母给予的压力；想要获得同学的尊重，得到大家的掌声，必须提升自己的实力，提高自己的价值，使自己变得强大。

4. 用心呵护，破茧成蝶

我专门举行了一个以"知错改错，英雄本色"为主题的班会，让同学们回忆自己犯的大错，说出当时自己的心路历程以及自己的整改结果。引导同学们意识到，人都会犯错，关键是知错就改，而且让同学们学会了换位思考。通过一次不点名，不针对任何事件的班会，既纠正了班级负面的舆论氛围，还尊重了李某良的自尊心，引导他走向阳光。除了父母的压力和虚荣心作怪之外，李某良作弊的根本原因就是学习基础差，方法不当，不够勤奋刻苦，自信心不足。所以，我经常抓住他的闪光点进行表扬，鼓励他向成绩优异的同学学习良好的学习方法，并要求他常向各位科任老师请教问题，考试尽量做到面批面改。他成绩进步快，最后以优异的成绩考上了广东警官学院。

（广东省名班主任曹铭珍工作室成员　广东高州中学　何　杰）

【案例反思与升华】

多年的班主任工作经历，让我积累了一定的经验。在这件事情的处理上，我认为有几点处理得比较正确：

1. 教育需要耐心

我能以较大的耐心去了解事情的真相，找到问题产生的症结所在，再去处理问题，事半功倍。庆幸的是，我没有去处理"作弊的学生"，而是处理了"作弊的现象"，不仅挽救了一个未来的人民警察，还使得整个班级班风更正，学风更浓。

2. 教育也需要用心

我能用心去尊重、理解、宽容和善待问题学生。严寒只会让人把外衣越裹越紧，温暖的阳光才会让人主动脱去厚厚的包裹。严厉的口吻只会让孩子渐行渐远，温暖的关爱才能打开孩子的心扉。我的用心，赢得了孩子的尊重，也让

他赢得了自己的未来。

3. 教育学生鼓励是法宝

我能用好鼓励的法宝，让他重拾信心。著名特级教师王兰说过："不是聪明的孩子常受表扬，而是表扬会使孩子更聪明。"我的鼓励与肯定，让他用勇敢打败了懦弱，用信心打败了自卑，用踏实的拼搏获得了好成绩。

孩子的心是敏感的，他们能够通过老师的一个眼神、一个动作、一句话，明白老师是否关爱自己。只有用心与真爱去保护学生，他们才能以极大的努力向着我们所期待的方向发展。

何杰老师

（广东省名班主任曹铭珍工作室成员　广东高州中学　何　杰）

每一朵花都会绽放

【案例全景】

教师节晚上，我没有休息，而是回到学校值班，听着墙上"滴答滴答"的钟声，看着空空的办公桌，没有小礼物，也没有卡片，内心不禁有点失落。突然，一个瘦小的身影冲到我面前，是小林，我前年带过的学生，他喘着气，腼腆地说："老师，这是给您的，祝您节日快乐！"说完，递给我一张卡片，此时的我内心是温暖的，"谢谢！"我说。小林不好意思地摸了摸头，说："您不嫌弃就好！那老师再见！"说完就消失在了门口！其实我怎么会嫌弃呢？高兴还来不及呢，只是我怎么也想不到，这个教师节收到的第一份礼物居然来自他，一个我曾经不怎么关注的孩子！

我翻开卡片，里面写道："老师，您好！首先祝您节日快乐，您知道吗？您是我上高中后第一好的老师！"我不禁莞尔，都高三的学生了，居然用"第一好"这样的形容词，不知为何，我想起了他平时坐在教室角落安静而怯懦的样子。他成绩不好，但从不给我惹麻烦，所以我很少关注他，我印象中除上课外，我跟他之间好像只有过一次简短的谈话！突然间，我第一次为自己以前对他的忽略感到如此内疚。

我继续往下看："因为其他老师都没你好，他们总是用一副冷冰冰的表情来看我们这些学渣，而你就不会，总是笑眯眯的！"我心里"咯噔"一下，其实，笑，是我的习惯，我没想到，会造成如此美丽的误会，此外，我感到震惊，原来，那些成绩不是特别好的学生，他们的内心是如此敏感，老师只是表情严肃，在他们看来，就是"冷冰冰"，可能就是"老师看不起我""老师不喜欢我"的信号！

我不禁反思，在做班主任期间，我是否对那些成绩一般甚至很差，却很安静内向，不给我们惹麻烦的学生有所忽略了呢？我是否曾因只关注几朵花的开放而忽略了大多数花的绽放呢？答案是肯定的！想到这里，我后背一片冰凉！

我以为我已经做到最好，但是我却一直忽略了这样一个安静待放的群体！

此后，对于那些安静的，成绩中等甚至很靠后的学生，我给予了更多的关注，找他们谈话，关注他们的成绩变化，每一个被我找来谈话的学生脸上都曾闪过一丝惊讶，或许他们在疑惑，老师怎么突然关注起我了呢？其实，感谢小林，是他让我意识到，每一朵花都有开放的权利！

一年后，也就是2016年6月，高考放榜，有一个学生给我报喜，他在QQ上问我："老师，高三刚开学那段时间，你为什么会跟我说只要我勤奋点，就可以上重点呢？那时候我觉得自己的成绩烂成渣了，当时只想着能混个本科就不错了！"看着对话框里他发过来的那个数字——总成绩543分，我笑了，回了他一句："因为每一朵花都会开放！"

是的，每一朵花都会开放，我们的学生很多，我们有一年的时间跟他们相处，在这一年里，我们可以用半个小时甚至十分钟，让学生知道：老师在关注他，欣赏他，期待他的蜕变和成长！

真正的教育是用一棵树摇动另一棵树，我愿用我一生的温柔感动每一个学生，笑着，守候他们的成长与绽放！

（广东省名班主任曹铭珍工作室成员　广东高州中学　刘小凤）

【案例反思与升华】

1. 播洒阳光，静待花开

人本主义心理学家亚伯拉罕·马斯洛的需要理论认为，人都有社会需要，包括感情上的需要和尊重的需要。每一个学生都希望得到别人的关心，渴望被关注，被肯定，当他的感情得到满足，能力得到肯定，他的信心就会大增，就会继续努力追求更好的自己。案例中的小林因为班主任的一个笑容，内心得到了认可，因而产生了归属感。懂得感恩就是给班主任最好的礼物。可见，学生需要的并不多。需要理论还提到，当人的某一级的需要得到最低限度的满足后，才会追求高一级的需要，如此逐级上升，成为推动自己继续努力的内在动力。第二位学生的转变就是一个证明，班主任一句肯定的话语，一次真诚的鼓励的谈话，让学生得到尊重的需要，从而激发出更高层次的自我实现的需要。每一个学生都是一朵花，而班主任的一个微笑或者一句温暖的话语都会化作一缕缕阳光，满足他们生长的需要，接下来便是静待花开。

2. 不忘初心，宁静致远

雅斯贝尔斯在《什么是教育》中这样理解教育："教育的本质意味着：一棵树摇动另一棵树，一朵云推动另一朵云，一个灵魂唤醒另一个灵魂。"教育是一项如此神圣而温暖的事业。现实中，每一位班主任都曾怀抱理想，面带微笑，快乐前行，但后来有些人开始变得神情严肃，再后来发现我们已经走了很远，以至于忘了为什么而出发。在多元化的社会中，教育者面临着各种诱惑和多元价值观的冲击，如何在时代的潮流中，保持清醒的认识，坚定教育的初心是每一个教育者面临的考验。当世事喧嚣，曾经的教育热情消退，我们应该如何前进？我想唯有不忘初心，宁静方能致远。

刘小凤老师

（广东高州中学　葛小杏）

83

拨开云雾　牵手前行

【案例全景】

这是我第一次做班主任，带的是高二文科班。开学第一个月，一切都还顺利。正当我轻轻地舒口气的时候，其实风平浪静只是暂时的，一场狂风暴雨即将到来。

有一天，纪律委员过来跟我说："老师，宿舍的同学针对我，他们往我的书包里扔垃圾。"我一听，愣了一下，心想捉弄班干部，就是公然挑衅班主任嘛，这帮熊孩子终于还是憋不住，露出了真面目。但我还是忍住气，将212宿舍的男生叫过来，没有谈及此事，只是谈心似的聊聊宿舍的氛围，大家相处得如何，班委有没有协助管理，等等。他们都很轻松地说，他们相处得很和谐，纪律委员早出晚归，也很少严管他们。

一番谈心下来，没有发现什么苗头。我还是不相信，又将舍长叫过来了解详情，并将此事告诉他，让他多关心纪律委员。因为纪律委员是复学的，上一年因为身体原因休学了，具体的原因他当时也没有告诉我。不过他为人很正直，做事很较真，我就选他做了班干部。这时候舍长告诉我，书包里的"垃圾"，原来是海贼王卡片。

随后，我找到纪律委员，安慰了他几句，化解他与同学的矛盾。他又投诉有同学趁他午睡，挤他的痘痘。一听到这个，我差点就呆住了，越来越纳闷。

有一天在饭堂吃饭，跟同事聊起这件事。他听说是复学的学生，建议我去教导处查询原因。查询的结果，让我傻眼了：严重抑郁症。我感觉天都塌下来了。马上打电话给家长，让家长赶来，协助处理。这时候，家长才向我坦白：原来是要服药休养一年的，他治疗半年就执意回来上课了。经过学校领导的建议，家长同意辞掉工作，回来陪儿子看医生，并且在学校附近租房陪读。

在家人的陪伴下，经过药物治疗，他的病情逐渐稳定了。他不再怀疑一切，也不再胆小。这个同学的意志力也很坚强，服药期间，经常打瞌睡，还是强忍着坚持学习。自修时间，我会找他过来辅导功课；课堂上，我专门为他量身定制一些简单的题目，希望他找回自信。

慢慢地，他开始信赖周围的人，不再彷徨，不再躲避。经过一年的坚持，通过大家对他的帮助，有一天他的脸上露出了一丝笑意。很庆幸，终于等来了这一天，拨开云雾，让我们牵手前行。

（广东省名班主任曹铭珍工作室学员　广东高州中学　梁媚海）

【案例反思与升华】

1.关注学生的内心，做学生的"知心"姐姐

刚做班主任时，我们更多关注学生的行为习惯，唯恐他们违反纪律，却很少关注学生的内心世界。我很感谢那位同事的提醒，如果不是及时发现纪律委员的心理疾病，在发现苗头的时候，就采取积极的心理干预措施，后果可能不堪设想。因此，作为班主任，除了关注学生的学业成绩和纪律行为，更要关注学生的心理健康，让他们健康快乐地成长。

葛小杏老师

2.营造宽松友好的班级氛围，让爱滋养每一个心灵

像纪律委员这样的案例，除了需要班主任的关心，还要科任老师和全班同学的配合，需要长时间的耐心和爱心。因此，班主任还应该调动起班集体中其他同学的积极性，主动关心他，同时也应该引导学生多关心身边的同学，在班上营造一种团结友爱、互帮互助的气氛，这样的气氛有利于全班同学尤其是患有心理疾病的同学的学习和成长。

（广东高州中学　葛小杏）

"三心" 助教育

【案例全景】

我接手了一个高二的班级，班里有一个问题比较突出的学生，他就是张同学。没有任何一个科任老师不认识张同学，各种毛病集中在他身上：上课玩手机、大声讲话、走座位、睡觉，作业从来没有做过。平常的一日常规检查，从不穿校服，不戴校卡，不做眼保健操。在宿舍里面，经常以大欺小，东西随地扔，别人的生活用品也被他到处扔，还经常把水、洗洁精倒在别人的枕头、席子上，吃剩的饭随地撒。还在宿舍里进行赌博。脾气还很暴躁，常常因为一点小事就动手打同学，一个学期下来小架打了不少，大架也脱不了。有一次，因为学校外面种了很多果树，刚好到了收获的季节，他没有请假直接攀爬围墙出去摘水果。

【案例剖析与解决】

（一）原因分析

1. 从学生那了解

班上有部分同学读初中时是跟他在一个学校或者是同班的，他们对张同学的了解比我多。于是我找了班上的同学进行谈话，从同学的话语中，我了解到，张同学在初中时也是班上的"刺头"，老师拿他没办法，家长也没少去学校。上初中时他的成绩很差，上课也不听讲，是班上甚至学校的一个"名学生"。整天跟一些不爱学习的学生在一起搞恶作剧，专门欺负同学，因此班上的同学都不喜欢和他玩。他把这些坏习惯带到了高中。

2. 从他父母那了解

他的父母都是靠做小本生意来赚钱，每天都没有多少时间和孩子在一起，星期天，也很少督促他的学习，除了玩电脑、看电视，家里的家务不会帮忙干一点。这在一定程度上造成了他懒惰的习惯。通常做错事了，他的父亲都会狠狠地打他一顿，导致现在他都不听父母的话，对他现在的性格也造成了一定的影响。

3. 从本人那了解

根据各科任老师反映的情况，我找了张同学，一开始我跟他说话，他都是东张西望的，一点都不尊重老师。问了好几次，都不回答，一直以一种满不在乎、愤愤不满的眼神看着我。问他来这里读书有什么目标，他的回答是家里人叫他来的。由此，我明白了他为什么在课堂上不听课，搞小动作了。

（二）转化措施

刚开始，我以为他这些都是小问题，上课不听讲这样的现象很普遍，违反纪律也是很常见的。于是我找他来办公室谈话，告诉他高中的学习生活跟初中的不再一样了，跟他说了很多的道理。直到他点头了，我还很有信心地相信他会改过。

接下来的日子，接二连三地都是听到学生投诉张同学。我没想到之前的思想教育对他来说一点用处都没有。为了让他来个全面的改变，我决定从以下几方面着手：

1. 反复教育

找班上的同学进行监督，一旦发现他有违反纪律或者做了其他影响同学的事情，马上汇报，并及时对他进行处理，任何一个小错误都不放过，就算是在班上扔一个纸团也不放过。就是这样反反复复地指出他的不对之处，让他有这样的意识：原来这些事情都是不能做的，做了之后会被老师批评。用此方法来改掉他的坏毛病。我记得有人说过：形成一个好的习惯需要21天。我想，改掉一个坏毛病应该不会少于21天。

2. 校领导、家长的配合

对于张同学做的事情，有必要的时候我都会通知他的家长过来。到政教主任那里一起进行教育。因为听老师批评多次之后，这样的批评不会再起作用。只有借助学校的领导和家长一起来教育。比如说，他在宿舍里面把洗洁精、水弄到别人的枕头上这件事，他害怕叫家长来学校，因为一旦做错了事，他的家长会打他、骂他。有时候这样的害怕对教育孩子来说还是会有一点效果。每一次叫家长来学校一起教育过后，他都会安分守己一段时间，但这样的教育终究是不太可靠的。

3. 和他做朋友

吸取前面的一些教训，我不再是板着脸去教训他了。因为学生特别是初中生有这样的心理，你叫他往东，他偏往西。所以要改变这样的状况就得和他做朋友，让他体会到你是在关心他，是值得他信任的。每一个学生都希望自己的班主任能够关注自己，所以，有空闲的时间我都会去和张同学聊聊天，为了让他能够放松，我特意从他小时候的事情聊起，说到小时候的事情，他不再显得拘束，我第一次发现他是那么的健谈，也是那么的可爱。平常还让他自由地发表一些对事情的看法，遇到好的看法还给予赞扬。渐渐地，他跟我说话的态度有了很大的转变，不再像以前那样一副满不在乎的样子，脸上的表情变得丰富了。只有学生把教师当朋友看，他才能"亲其师，信其道"。

4. 信 任

张同学早已习惯被认为是"坏学生""坏同学"，有的时候不是他做的事情，他也不愿意去澄清。所以在学生投诉的事件里，我都会一一问张同学有没有做过，不是他做的我不会追究他的责任。这样久而久之，他觉得我还算是个是非分明的人，有时候做错了事还会主动承认错误。

5. 及时强化

一旦发现张同学有一点点的进步，我都会在班上当着全班同学的面进行表扬，这样的效果很好。同时我也会在他的家长面前表扬他。平常打电话给他家长都是投诉的多，忽然接到的是表扬的电话，他也备受鼓舞。记得有一次，我发了一个信息告诉他的家长，他进步很大。接下来的一段时间，上课的时候他会很自觉地拿出课本，偶尔还会问我一些数学方面的题目。校长对我说，你们班的张同学这学期进步好大。对于校长的表扬我也一一转告了张同学。

（三）转化结果

经过好长时间的努力，张同学真的进步很大。从一个经常捣乱课堂纪律、违反宿舍纪律、攀爬围墙、打架、赌博的学生变成了一个基本遵守课堂纪律、稍微主动学习、愿意帮我干活的学生。偶尔还会帮忙管一下班上的纪律。但是，有的时候还是会忍不住违反课堂纪律，还是会在课堂上玩手机，学习不够积极主动。但目前来看，他的进步是非常大的，起码在态度上就有了很大的改变。

（广东省名班主任曹铭珍工作室成员 广东高州中学 谭小文）

【案例反思与升华】

1. 不能以定式思维去判断

不要总是以为所有不好的事情都是问题学生干的。必须认真地去了解清楚情况，不要让他们觉得你跟其他人一样都是黑白不分的。这样在处理问题的时候他们才会信服你。

2. 要有"三心"

在做学生工作时，必须要有耐心、爱心、信心。作为老师，用爱去感化每一个学生，对所有的学生都应有发自内心的爱，不管他是否做错了事情。在转化教育的过程中，耐心是很重要的，问题学生不是一朝一夕便可以教育好的，需要一个很漫长的过程。如果经过几次教育还达不到成效的时候，不能灰心，一定要有足够的信心，相信自己能够教育好他，也相信他在你的帮助下会慢慢转变。正所谓"没有教育不好的孩子，只有不得法的教育"。

3. 要多到学生中去

学生的情况很多时候是从聊天中了解的。多些时间到他们的宿舍走走，平常课间也多去教室看看，听听学生的意见，收集他们反馈上来的信息，陪他们聊聊天，一来可以增进师生的情感，拉近距离；二来也能有效、及时地去处理班上发生的事情。对于学生的问题，我们要及早发现，并迅速采取措施，不要等到越来越多了才开始处理。

4. 要多表扬，少惩罚

像张同学这样的学生，曾经被批评的次数肯定不会很少，被表扬的次数也肯定不多甚至没有。任何人，喜欢赞美的话多于批评，那么他们这个年龄的学生也是一样的。抓住这一点，我改变了以往的教育方式，有时候发现他有一点点的进步，都会去表扬他，让他觉得原来别人做得了的事他也能做到，由此建立他的自信心。都说赞美是一缕阳光，所以有时候一个小小的赞美比一次严厉的批评取得的效果会更好。

5. 要有良好的家庭教育环境

民主的和谐的家庭环境培养出来的孩子一般都是比较优秀的。相反，生活在专制、暴力的家庭里的孩子更容易产生叛逆心理。有些家长以为教育孩子只是学校的事情，这样的想法是很不好的。还有些家长为了生活，只是在物质上满足了孩子的需要，而精神方面却得不到补偿。所以呼吁大部分的家长，没有什么事情是比教育好你的孩子更重要的了，也希望在教育孩子的过程中不能用"棍棒"的方法。

谭小文老师

（广东高州中学　曹铭珍）

沟通从心开始

——浅谈班主任如何与家长沟通

【案例全景】

2015年9月，我担任高二（15）班的班主任工作。因为是新学期，学生经过高一到高二的文理科分班，所以我对班上的57名学生并不熟悉。但我记得在新生回校的那一天，我接待了一个染着黄头发的学生，他的名字叫李某。接待的过程中，我快速地看了一下学生情况登记表，对李同学有了一个初步的认识：毕业于某乡镇中学，入学成绩250分。

开学一周后，班上的同学彼此慢慢熟悉了，课堂也进入了正规状态。过渡期后，班上各种违反课堂纪律的情况也在不断地出现。而李同学的表现特别严重，他对学习缺乏兴趣，缺少求知欲，上课时常常不听老师讲课，时常在下面和同桌说话，有时候会在课堂上吃零食，甚至在上课时常常玩手机或睡觉，作业也不按时完成。他和同学的关系也比较紧张，时不时会发生一些和同学争吵的情况，甚至有一次还大打出手。总之，李同学是一个对学习缺乏上进心，并且性格也比较倔强，喜好标新立异（头发染黄）的学生。他在许多老师眼中是一个地地道道的问题学生。

【案例剖析与解决】

为了转化他，我做了大量的工作。

首先，我找李同学进行了一次长时间的交谈。在谈话中，他告诉我："老师，从小到大，爸爸妈妈每天总是忙着做生意，他们从来不关心我的学习和生活情况，而且对我在学校的表现也不在意，每当有老师向他们说我在学校的表现时，他们把我打一顿就完事了。读中学时，我在老师们的眼中就是一个差生，他们也不在意我，只要我在学校不发生什么违纪的事，他们也从不关心我。所以，不管我的表现什么样，谁会在意我呢？"当我听到这些话，心里也比较难受，从他的话语中，我也感受到了他内心的痛苦，以及渴望得到父母和老师关爱的心情。于是，我就对他说："其实你的父母时时都是在意你的，只是他们为了能够让你生活得更好，才那么努力去忙生意，好像忽视了对你的关心，你可以想一下，平时父母有没有关爱你的地方。"他想了一下，点了点头。我接着对他说："在中学时，老师们是不是真的不在意你，你想想，这些老师看到你平时的表现时是什么样的表情。其实很多时候，我们老师对你的表现是时时关注的，常常是怒其不争啊。"经过这次谈话，李同学受到了比较大的震动。他说："老师，读这么久的书，您是第一个和我这样谈心的老师，谢谢您。我以后一定不会让您失望的。"

其次，我通过电话和他高一的班主任黄老师交谈了一次，了解李同学在高一时的表现。黄老师告诉我，李同学在高一的表现非常差，是一个经常违反学校纪律的学生。并且黄老师多次和家长交流，有一次和他的父亲交流时，他的父亲却说，随他吧，他已经没有办法管他了。后来，再向他的父母反映他在学校的表现时，他的父母也是不太重视，并且说就让他读完高中吧，不要理他在学校的表现了。从黄老师的话中，可见李同学的父母对他是非常失望的。

了解了情况后，我决定和他的父母进行一次交谈，希望通过家校合作来转变李同学。在一个星期天的早上，我来到了李同学的家。刚好他的父母都在家，而李同学却早早就出去玩了。当他的父母见到我时比较惊讶，他的爸爸就说："陈老师，你怎么来了，快进来坐。"我坐下后就问："你们今天不去开店吗？"他爸回答说："今天店里停电，就在家里休息一天。"接着我就把我的来意告诉了他。通过交谈，我了解到家长之所以没有时间去管教李同学是因为家里的经济比较困难。在李同学上初中时，他投资和朋友做生意，结果生意失败了，并且欠了一大笔钱，为了还钱，他就把家里仅有的钱用来开了个日用品店，这几年来挣到的钱大部分都用来还账了，所以家里过得比较紧张，而为了忙生意，忽略了对李同学的管教，从而造成李同学现在这种状况。在交谈中，我就对他父母说，生意虽然重要，但也不能忽视孩子的教育问题。最后，他的父亲说以后一定会配合对他的管教。

经过这次家访后，我又多次和李同学谈话，谈话的内容比较杂，只要是他感兴趣的话题，我们都谈。就这样，我和李同学建立起了朋友关系。他每次见到我都叫我哥哥。而且他在学校的表现也越来越好了。而我也常常和他的父母通电话，及时地把李同学在学校的表现反馈给他们。而他们对李同学也慢慢地关心起来，他们与李同学的交流也多了起来，也非常关心李同学在学校的表现，这些变化给李同学带来了很大触动。有一次，李同学来到办公室找我："哥，为了爸爸妈妈和我自己，我以后一定会好好学习的。一定不会让你和我爸妈再一次失望的。"从这以后，李同学学习更加认真了。升入高三后，李同学一直和我保持着电话联系，并且在假期时常到我家来玩。每次谈起他在高二时的表现时，他总是说："哥，是你改变了我的命运。"

（广东省名班主任曹铭珍工作室成员　广东高州中学　谭小文）

【案例反思与升华】

李同学能够很好地转变，离不开他父母的帮助，可以说家长是教师教育活动的合作者。身为老师，特别是班主任，很多时候都要和家长交流，共同探讨如何使孩子成长得更好。那么，怎样才能更好地与家长沟通，达到自己的教育目的呢？我认为应该注意以下几个方面：

1. 要尊重家长，不要指责家长的不是

我们知道现在有不少家长长年在外忙工作，或忙于赚钱，对子女的家教意识淡薄，常常把子女留给爷爷奶奶带，而家长只管孩子的吃穿不管孩子的学习成长。因此家长与孩子、与教师沟通的时间越来越少，不利于学生的健康成长。另外，还有少数家长对孩子过分溺爱，对教师存有戒心，只要老师管教稍加严格，便认为老师跟自己的孩子过不去，常常不肯和老师配合教育子女。为此，教师要理解和尊重家长，要多考虑家长的难处，不要一味地指责家长，要耐心做好家长的工作，只有家长能够用心配合教育，那么对学生的教育效果将会事半功倍。

2. 要加强与家长的交流合作，不要要求家长如何做

我们教师在平时要注意加强和家长交流，通力合作来教育学生。比如说，教师要及时把学生的在校表现情况和如何教育孩子的方法告诉家长；而家长也要把孩子在家的情况及时反馈给教师，并且要多交流家教经验。只有这样才能合力把学生教育好。如果我们发现学生表现不好时，总是要求家长好好教育孩子，甚至对学生家长不礼貌、批评训诫等，导致家长认为教师素质差、水平低，把孩子不能健康成长的原因归咎于教师，这种相互抱怨非常不利于孩子的发展成长。因此，在教育学生时，我们要加强与家长的交流合作，而不是要求家长如何做。

3. 要主动加强家访，不要事事抱怨家长

在教育学生的问题上，我们教师要主动加强家访，以此来增进教师和家长的了解和友谊，给家长可亲可信之感。不应恨铁不成钢，动不动就把家长请到学校明里暗里"训斥"一顿，抱怨家长"怎么生了这么样的孩子，还不管不问"等。家长被老师搞得面红耳赤，其结果不是回家痛打孩子一顿，就是和老师产生敌对情绪。因此，教师要多走访家长，设身处地地为家长、为学生着想，在尊重学生、尊重家长的前提下，转换角度，变换角色，与家长探讨学生健康成长的途径和方法，从而达到真诚相待、共同教育的结果。

（广东高州中学　曹铭珍）

对一名受挫学生的教育

【案例全景】

当A同学敲门进来时，早读已经过了一大半，我明显感觉到他情绪有点低落。于是我把他叫到办公室，了解到他按时到了学校，可在校门外徘徊了很久，我隐约感觉到有什么事情。还没来得及给他父母打电话，他母亲已经急切地打给了我，说A同学近来很反常，都不想上学，希望我能帮他。我很吃惊，A同学学习一直都很努力，是班上成绩中等的学生，而且身材高大，喜欢打篮球，球技也好，在学校还小有名气，况且都高二了，怎么会不想上学？

【案例剖析与解决】

1. 原因分析

中学生正处于心智成长阶段，理当把握住求学的大好时机，何况当今又是一个科技日新月异、知识经济迅猛发展的时代，应该说更能激发广大学生的求知热情。可客观现实却不容乐观，越来越多的中学生出现了厌学情绪，并且有日益严重的趋势。造成中学生厌学情绪的原因是多方面的，但像A同学这样由于学习挫败感而产生厌学情绪的学生占大部分。他们为了获得成功感的满足，有的沉迷于网络游戏并一发不可收拾，希望在虚拟世界里找回失去了的自尊和自信。有的通过其他方式来实现，A同学在学习中的不如意，在篮球场上得到了满足，他俨然成了同伴心目中的"偶像"，他的成就感和虚荣心得到了极大的满足，但面对现实，父母的期望，社会对文化课成绩的认同感，他又会变得无奈和失落，渐渐地他开始怀疑自己的学习能力——即使努力学习也无法获得良好的学业成绩，从而产生"习得性失助感"，结果学习动机越来越弱，打篮球的欲望越来越强，导致不想读书，产生了专业打篮球的念头。

2. 解决措施

A同学走进办公室时，戒备心很重。为了卸掉他的"防护装置"，我采取

了迂回战术。"听说你们最近与其他班打了一场比赛，战绩怎么样？"（从学生感兴趣的话题入手）

他的眼睛开始闪亮起来，"赢得有点悬，比分一直都不相上下，离结束还有一分钟的时候，比分都还是12∶12，在最后的30秒钟我投进了关键的一球。"说到这里，他兴奋得脸都有点微红。（直接切入学生的兴奋点）我也情绪激动起来，兴奋地说："不错嘛，乔丹第二。"（使其情绪和谐起来）"老师，您怎么知道我的外号？"他吃惊得两眼圆睁。（让学生感受到你在关注他）

我只是神秘地一笑。（知己知彼才能百战不殆）

我话锋一转："听说你有不想读书的念头？我一直觉得你打篮球是高手，在学习方面也很有潜力，并且你也一直很努力，不是吗？"

他缓缓地将头低了下去，表情显得很痛苦，"老师，您不觉得我很失败吗？""你是指学习上吗？"我很平静地问。（乘胜追击，寻找问题的关键）"是的。"他回答得很简短。

我表情严肃地说："我很理解你现在的心情。你一定在想，我在学习上已经很努力啦，可为什么总上不去，是这样吗？"

他使劲地点了点头："我觉得我学习没有希望了，我想专门训练打球，我想当球星，像乔丹一样。""你如何看待打球与学习？"我接着问。（我没有正面接他的话题，而是继续提问，试图揭开他内心深处更多的想法）

他若有所思地回答道："我也知道学习很重要，妈妈常常告诉我要读书才有出息。小学的时候我的成绩一直都很好，是老师眼中的优生，可不知道为什么，上初中后我的成绩总不能拔尖，不管怎么学，我都学不好，我没有读书的天分，我觉得很对不起妈妈。"说到这里，他再一次低下了头。

片刻的沉思后，他猛地抬起头："而打球就不同啦，我特有感觉。"

到目前为止，问题已经充分暴露了出来，他不想读书的根本原因在于进入高中后，小学、初中成绩优秀的他，成绩开始下降，他是个自尊心很强的学生，成绩下降让他很没面子，他内心不能接受这样的现实而产生了强烈的挫败感。于是渐渐形成了消极的自我暗示，认为自己没有读书的天分，而在球场上是主角，常常得到的是掌声、喝彩声，于是渐渐形成了积极的自我暗示效果。由于最近的几次测试，他屡屡失败，更强化了他的失败感。于是产生了不想读书，专业打球的念头。而事实上他内心深处是不想放弃学业的。

针对A同学的这种情况，首先要让他重新在学习上获得成就感，其次要树立正确的期望目标，保持良好的心态。作为A同学的生物老师，从生物学科入手，我给他分析了在生物学科上自身存在的潜力，并结合他讲述的自己学习生物的方法，给他介绍了科学的生物学习方法。此时，天色渐晚，我给他留了家庭作业，让他回去按科学的方法复习，复习好后再来找我，我单独给他考试。（调动了学生的积极情绪，并让他感受到了前所未有的重视及信任，于是他信心倍增）

接下来，我发动各科教师给了A同学特殊的关注。我也和A同学的家长面谈了一次，分析了A同学的情况，家长表示不再给他施加过大的压力，并设立正确的期望值。一周后，A同学信心十足地找到我，告诉我他已经复习好啦，在这张试卷中他得了100分。客观地说，这张试卷相对简单一些，另外加上他自身专注的复习，考高分是意料之中的事，但就是这次高分让他重新找回了自信。用A同学自己的话来说就是："上初中后我从来就没有考过这么体面的分数，原来我还是能行的。"加上来自各科老师的关注与鼓励，A同学各科的成绩都有了很大的提高，再也不说不读书的事啦。

（广东省名班主任曹铭珍工作室成员　广东高州中学　凌少映）

【案例反思与升华】

在教学过程中，大多数教师往往更多关注学生的成绩，而忽视了学生的心理辅导，A同学的成绩平平，又是比较听话的学生，他代表了班级中中等生的普遍特性。这类学生往往是教师最放心的对象，给予的关注也最少，然而，事实上，这类学生又是最矛盾、最容易产生心理问题的。首先，他们希望成绩好，所以很努力，往往比成绩特优秀的学生所花的时间更多，一旦成绩不理想，就容易产生失落情绪，怀疑自己的能力。其次，他们又很要面子，即便是心理出现了矛盾也不容易与别人交流，教师、家长往往也不容易发现问题。

1. 确定目标，以目标引领其前行

通过与A同学共同确立学习目标，并制定切实可行的学习方法，让他在学习上获得成就感，这次成功使他产生了愉快的体验，激起他进一步努力学习的

愿望。可以说，一次成功的学习比十次规劝或教导都有力得多。

2. 多加关注，协同教育

通过与各科任老师的沟通，为他争取到了其他科任老师的更多关注，使他重新找回了在学习上的自尊和自信。让他失落的心和压抑的情绪得到了慰藉，学习动机得到了进一步的强化。

3. 家校联动，助推努力

通过和他父母的沟通，让他的父母重新确立了适合A同学的期望值，让A同学在心理上感到了前所未有的轻松和快乐，这为他重新获得成功奠定了精神和心理基础。

（广东高州中学　曹铭珍）

以爱去温暖学生

【案例全景】

没有爱，教育不存在。教育需要教师具有无限的爱心，要用我们春雨般的爱去滋润孩子的心田，让他们茁壮成长。

在我带的班里，有一位女生小碧，家里孩子多，经济拮据，父母重男轻女思想严重。刚入学时，由于经济原因要求转校，经过一番劝说最终留了下来继续读书。平常小碧不敢正视他人，总是沉默寡言，独来独往。经过一段时间的观察，我发现小碧很喜欢动漫，也非常有想法、有理想，奈何家里重男轻女，她一直压抑着自己的理想。于是，下晚修或下课后，我总是不经意地找时间和小碧一起漫步于校园中，和她交流，慢慢地小碧开始敞开心扉接纳我，也时常跑来办公室问我问题，写作业也特别认真细致，态度非常严谨。

今年六月小碧高三毕业了，我像往常一样，打开QQ，问小碧的录取情况，以下是我们的对话：

我：碧，近来过得可好？高考被大学录取了吗？

小碧：老师，我很不好，我选择了复读，高三发生了很多事，到了高考最后一个月，家里发生了一些事，不知为什么同桌讨厌我，与我闹矛盾，总之很烦。还有自身原因，好像自己变得懦弱了。我考砸了，没脸面找你。我决定一年后，我会给你、给自己一个满意的答复。老师，谢谢你还记得我，此时此刻我觉得你不是我的老师，而是朋友在聆听我的心声，谢谢你，常联系。

我：碧，加油，向着阳光，向着梦想加油。

小碧：真的很谢谢你，我觉得我现在充满了自信，目标也很明确，我不会再迷茫了。

作为班主任的我，一句轻轻的问候，让学生备感温暖，这就是爱的力量，情感的力量。

我明白作为一名教师，只要爱学生，就一定会创造出奇迹。一个感情贫乏、冷若冰霜的教师给学生的印象常是严肃、可畏而不可亲的，学生难以产生敬仰之情，更不敢向其敞开心扉、倾吐自己的衷肠，自然难以达到心理指导与教育目的，那么什么是爱学生呢？爱就是尊重学生，尊重意味着信任、理解、宽容和接纳，充分地重视和欣赏每一个学生，耐心地倾听他的意见，接纳他的感受，包容他的缺点，分享他的喜悦……我深深地知道，一名好班主任、一名好教师，既是知识的传播者，更是爱的化身，只有接近学生，用爱去感召学生，才能教育好学生。因此，教师只有把爱的种子播撒在学生的心田，以学生的需求作为爱的起点，才能在学生的内心世界培养出爱的感情，并使之升华。

（广东省名班主任曹铭珍工作室学员　高州市第四中学　梁晶晶）

【案例反思与升华】

本故事诠释了作为教师应该给予学生怎样的爱，爱的表现如何。

1. 爱要以尊重为基础

只有建立在尊重基础上的爱才意味着相互信任、理解、宽容和接纳，学生才与你没有距离，他才愿意与你沟通交流。

2. 教师付出的爱是学生需要的爱

现在的学生不忧吃，不愁穿，唯独是情感的缺失。我们教师对学生的关注倍增，对学生付出的爱也不少，就连学生的饮食起居都常挂在嘴边。但教师爱的付出是不是学生所需要的？我们老师有没有真正考虑过学生的需要？要不然老师所付出的爱只是画蛇添足，并没有锦上添花。

（广东高州中学　曹铭珍）

体态语的沟通

——化解学生的心结

【案例全景】

开学之初我重新接了一个新班级，对班里学生的情况都不熟悉，在上课的过程中出现了不可预料的意外状况。一天，班里有位男生未交作业，也并没有向我说明原因。刚上课，我正准备问这件事时，却发现那个男生正和旁边的同学说话，于是我就用眼神有意地盯了他好一会儿，想以此来提示他停止说话（以前学生上课说话你可不用说什么，用眼睛盯上他一阵就管用，他就会收敛自己的行为，意识到自己的错误）。这时我发现他确实不说话了，取而代之的是以一种很不友好的眼神回应我，让我心里很不舒服，接下来我就说："今天谁没交作业站起来！"话出口半天，没有人反应，这时我心里很是生气，明知就是那个男生没交，可他偏像没听见似的，还若无其事地坐在那里，这时我将注意力直指向他，叫他的名字，可他默然不应，依然那副神情看着我。当时我真的不知接下来该怎么办，以前没经历过这种情况，此时心想："遇事要学会冷静和镇定，否则肯定会气急败坏。"我迟疑了一会儿，马上说："为了不耽误大家的时间，你下课拿着作业本找我。"然后接着上课了。我很庆幸当时那位男生没再给我出难题。事后的两天我对这个男生进行了"冷处理"，他倒很自觉地交了作业，我每次判完都把作业本留下，等他主动找我，可是他并没来，而是换了作业本，于是上课时我进一步采取了在提问问题时有意地跳过他的方式，目的都是让他先来找我，可是这些方法并没有奏效，同时我也发现，他对我明显有了抵触心理，不听课，课上做着自己的事。这让我认识到了问题的严重性，一个学生也许可以忽略不计，但是我不希望每天走进课堂都有一张和我敌对的脸。而作为他，我想和某位老师有了隔阂，他一天的学习生活也不会很高兴。基于此，我决定首先打破这个僵局，先找他坐下来心平气和地谈话，问他那天课上为什么会有那样的反应，给他一个向我解释的机会。他很真诚，如实地向我说了他的想法，原来我那天盯着他的眼神让他感觉很不舒服，这个理由让我出乎意料，以前我也用过这样的眼神，可从来没有出现过问题。这时上课铃响了，我顺理成章地让他先回去上课，这正好给我留下了一个思考的机会，他走后我陷入了沉思。

师生间的沟通有言语沟通，还有体态语的沟通，体态语之一就是眼神。我想到自己在注视学生时，可能掺杂了盯视和怒视，因为他没交作业，上课又说话，我当时一定很生气，所以表现出瞪眼和愤怒的表情，而这两种眼神正是体态语中的消极眼神，是教师与学生沟通时应尽量避免使用的，虽具有一定的威慑力，但如果遇到比较敏感且胆大的学生，可能引起师生严重的对立情绪，甚至发生冲突。而这一点是我当时根本没想到的，由此也让我认识到，以前一定也犯过类似的错误，只是当时的学生可能畏惧老师，并没有和我产生正面冲突，但是我想在他们心里一定留下了印迹。这件事让我很感谢这个学生，是他给我上了一课，让我尽早发现了自己的不足。随后我在他的作业本上写了一封短信，首先，我向他表示道歉，因为我的眼神无意中给他带来了伤害，作为老师我没有站在他的立场考虑他的感受；然后，我有理有据地指出了他在这件事中应负的责任和存在的问题，不完成作业在先，上课说话在后，再者在全班同学面前对老师的态度是否也有不当。我很快收到了回信，信的大致内容是：首先，表示了他的吃惊，他说他上这么多年学从来没遇见一位老师向学生道歉，而我是第一个，这让他对我有了一个全新的认识和评价；其次，他对自己的错误也向我表示了道歉，态度诚恳，言辞恳切。看完之后，让我高兴的同时也很感动，没想到我的一句话收到了如此好的效果，这给我以后做教育工作很大的信心和鼓舞。

自此以后，课上他不仅认真听课，还积极回答问题，在日记中还向我吐露心声，包括他的家庭情况和他每一阶段的心情，我们可以说成了朋友。虽然现在事过境迁，我也不教他了，但每次在学校碰到我，他都很热情地向我打招呼，而每次我的心里也是暖暖的。

（广东省名班主任曹铭珍工作室学员　高州市第二中学　陈　周）

【案例反思与升华】

班主任是学生管理的直接参与者，是学生健康成长的引路人。"环境影响人，教育转变人。"如养成教育、激励教育等教育方式方法，赢得了学生的喜爱。

但对于与学生的沟通，方式方法要灵活。

1. 师生沟通之间要赢得相互信任

案例中彰显出来的让我们思考的问题颇深。有时人与人之间的距离就像隔着一层纸，一层纸就可以隔出两个世界，这时只要有一方勇于走出第一步，那么彼此的沟通就会变得容易得多。师生的沟通也是如此，老师不是高高在上的，也不是一个十全十美的人，也会犯错，也会有偏见的时候，每当这时，老师要有勇气走出来，向学生真诚地承认自己的错误，这样你就会收到意想不到的效果，营造一种和谐的师生关系。

2. 沟通要依具体实际需要而方法灵活

有时运用言语沟通，有时运用体态语沟通。教师使用体态语时，一定要重视眼神的艺术，可以严肃注视，但要避免盯视和怒视。

沟通从心开始

（广东高州中学　曹铭珍）

智障学生乐成长

【案例全景】

上一学年，我迎来了一个特殊学生，一个有智障且有许多怪癖的学生。他父亲来到我身边说："老师，我四处打听，听说您是位最有爱心的班主任，我特地把孩子送到您的班上，我把孩子交给您才放心。"把新入学的学生安顿好，我便把这位叫陈某的学生作为重点关注对象，到他家家访，经常和他的家长通电话，了解孩子各方面的情况，原来这孩子先天发育不良，智力要比同龄孩子晚很多，小学时从没好好坐过一节课，也从不知道纪律的约束。后来我发现这孩子有时上课蹲在座位下，有时整个身子躺在地上，上课还时不时自己跟自己说话，班上的同学开始把他当另类，嘲笑他。我知道让他快乐成长是最重要的，应该给他特别的爱。

首先，应该为他营造一个和谐、充满爱心的班集体，我精心设计每次班会课，特意安排同学们和他互动的机会，有时还亲自表演和他互动的节目。平时还有意识地要求班干部带头，主动和他一起说话、一起玩耍。有一次，我辅导学生学英语，出了几道题让学生到黑板前做，班上的同学竭力推荐他，他怯怯地走到讲台上，拿着粉笔烦躁不安地转动，我微笑着给他鼓励，没想到他居然一口气写下了答案，教室里顿时爆发出热烈的掌声，有的同学大声喊起来："陈某，好样的。"慢慢地这个学生变得活泼了，平时低着的头也抬起来了。接下来的日子我从培养他良好的习惯入手，手把手地教他，及时提醒引导他，总是不失时机地给予他表扬。在后来的"好习惯成就大未来"的主题家长会上，陈某的父亲作了感人的发言，他向各位家长和同学讲述了陈某在我的教育下发生的变化，在场的所有人都感动得流泪了。

（广东省名班主任曹铭珍工作室学员　茂名市十七中　廖汉容）

【案例反思与升华】

光阴似水，岁月如梭。转眼我已在教师这个行业工作了18年，想起刚刚参加工作时，刚刚开始做班主任时的青涩，到现在的比较得心应手，心中有种说不出的幸福。特别是像上述对待智障的孩子的教育，要有独特的方式。

1. 教育学生，充分认识学生为前提

如同本文的案例，该学生是一位智障的孩子，不同于其他孩子那样善于交流、合群，同时，这位学生少言寡语，生怕学生嘲笑。因此，作为班主任要多加关注，也要了解该孩子的具体特点，以便更好地引导其成长。

2. 营造良好的集体关爱氛围

为这类孩子量身打造，营造符合孩子成长的集体氛围，让大家都关爱他，不排斥他，让他融入温馨的班集体中，然后对症下药，改变孩子的看法。

3. 提供展示的平台

孩子虽然是智障，但他也有表现的权利，为了更好地改变孩子的想法，让其和正常人没什么两样，这就需要为他提供更多表现的机会，从而树立他的自信心。

状元桥

（广东高州中学　曹铭珍）

转弯遇到爱

【案例全景】

三年前，刚踏上讲台时充满了激情，特别是做班主任工作。我负责的是高一（9）班，一接手学生，我就迫不及待地深入教室、饭堂、宿舍，想尽一切办法接近学生，了解他们的情况，与他们打成一片，真正做到"严、勤、细、实"，工作卓有成效。我的工作得到了同事、领导的赞扬。

但期间有一个人、一件事至今令我刻骨铭心，难以释怀：我班有一个叫李林斌的学生，成绩优秀，但性格内向，并且有个不良嗜好——课后外出上网，为此我多次教育他，但是他居然不屑一顾。当时已是"学生敬仰、同事佩服、领导颂扬"的"优秀班主任"的我，心中多有不快，"摆平他"成为我最大的心愿。通过深入了解得知：他来自单亲家庭，父亲远走他乡多年，他一直与母亲相依为命。他母亲是一个农村的建筑工人，平时对他要求非常严格。我主动与他母亲通了电话，述说他的优秀，提示他的"潜力点"，他母亲表示最担心他的是抽烟和上网，要我严加管教，任何处罚她都支持——终于得到了"尚方宝剑"！传播我"福音"的机会来了。一个刮着台风的周末，我去检查宿舍时，发现他缺勤，同学说他又出去上网了，我立刻通知他的家长，他妈妈也很配合，立刻从几十公里外的工地开着摩托车冒着风雨赶来学校，他妈妈来到宿舍楼下的时候，他也刚刚赶回，他妈妈狠狠地批评了他，他哭了，他妈妈也哭了，大风大雨的夜晚，在场的我、舍监、值日领导都被触动了。那场景，印象深刻啊！从那之后他再也没有出现违纪行为，高二、高三，他看见我都远远地避开，三年后，他考上了湛江师范学院。高一曾受我教育的学生陆续向我报喜、道谢，但他没有，我反而主动向他道贺，他只是面无表情地点了下头，之后再也没有联系。

（广东省名班主任曹铭珍工作室学员　高州市第四中学　卓海容）

【案例反思与升华】

上述案例，学生后来虽表现不违纪了，但他却对我怒目而视，内心是逃避的，这个教育是失败的。我一直在思考，作为班主任该如何对待有网瘾的孩子呢？我认为：

1. 认清学生的个性，了解网瘾的诱因

像案例那样，我不能一发现学生上网，就利用班主任的特权请家长，这样只会激怒学生，只会让学生逃避。

2. 爱要讲究艺术——宽容

深入思考，班主任的这种"强势"能达到教育的目的吗？教育的灵魂是什么？是爱。班主任有爱吗？有！爱学生吗？肯定！但是，学生接受吗？不！不接受。为什么不接受？因为班主任对学生的爱是粗暴的、生硬的，班主任只是利用了爱的弱点——如果学生违反纪律，班主任动辄就通知学生的父母在一个风雨交加的夜晚来协助教育，学生会有何感想？那么，爱的灵魂是什么呢？我认为是宽容！苏霍姆林斯基说过："有时宽容引起的道德震动比惩罚更强烈。"这就需要我们爱的同时懂得换位思考，给学生更多的宽容——转个弯就会发现这就是真正的教育之爱！

（广东高州中学　曹铭珍）

冷静找"小偷"

【案例全景】

2013届高三有位叫小蔡的男生，人非常聪明，刚升学时成绩很好，但上课精神不集中，经常走神，经过和家长谈话了解到他有网瘾，经常上网到半夜。和他谈话，他每次都答应得好好的，说要改，但很快又恢复原样，一直得不到很好的改善。

在学期中的一个晚自修上，班里发生了一件大事。坐在小蔡旁边的小吴回来发现他放在课桌上的新买的手机不见了，虽立即寻找却没找到，手机似乎不翼而飞。第二天，小吴去查通话记录发现，第二天小蔡的QQ曾在他的手机登录，便立刻报告给了我。我要求小吴要保密，并找小蔡谈话。谈心后，我对他说，小吴丢了手机很伤心焦虑，那是他几年的压岁钱买的，请求他帮忙找回来。当天，小吴在自己的课桌里发现了手机。后来，小蔡向我承认了错误，说他当时网瘾犯了，就想玩一下手机，没想到小吴发现手机不见后立刻寻找，弄得他不知如何是好。他很担心同班同学会给他一个"小偷"的称号。这几天他很煎熬，他很感谢小吴和我静悄悄地处理此事。

苏霍姆林斯基曾经说："真正的教育智慧在于教师从来不伤害学生的自尊心，而是经常激发他要做一个好学生的愿望。"孩子虽然是单纯的，但是他们也是有思想、有个性和有自尊的人。因此，作为教育工作者在教育行为中，必须注意自己的言语行为，因为有时一个不恰当的行为，甚至一句不十分恰当的话语都会给他们带来极大的伤害，甚至影响他们的一生。

（广东省名班主任曹铭珍工作室学员　电白四中　马爱云）

【案例反思与升华】

本案例是班集体中经常发生的一件很普通的案件，作为班主任，如果引导不谨慎，想必教育效果会适得其反，倘若能处事不惊，有条不紊，那么学生定将感激涕零。

1. 教育时冷静为上

正如苏霍姆林斯基曾经说："教师的每一次尊重与宽容，都会使学生终生难忘，都会促使他去思考，在思考中做人，在思考中做事。"作为班主任遇到像"小偷"这样的事件一定要冷静思考、冷静处理。因为好奇的学生就是想看看你究竟怎样处理。他看在眼里，想在心里，若处理不好，他会闹出更大的事情。

2. 有时糊涂易办事

作为班主任要有智慧，对于"小偷"明知是他，也可装作不知道，把问题的根本抛给学生，让学生由被动认错转为主动认错，说不定还会受到其他学生的尊重，这样的处理，会更加有效。

（广东高州中学　曹铭珍）

成长不应该离开处罚

—— 一个失败的教育案例

【案例全景】

这是一个令人心酸的故事。2015年，我接触了这位魏某某的学生。首次见面是在他班主任的极力要求下我介入教育。初次见面，觉得他脸蛋白皙，外表斯文。班主任无奈地说，他旷课迟到，还骑摩托车。那次跟他聊天后，得知他来自一个离异的家庭，跟随母亲居住，母亲工作忙没时间管他。在跟他约法三章后，我让他回去了，希望他有所改进。第二次再见他，是他在校门前想要爬门出去，值日的领导把他带来政教处。刚好这时学校在严厉整顿纪律，因此，我对他这种行为做了严厉的批评。正当我转身的时候，他往地上一躺，一个大字伸开，呼吸急促，用手捂着胸口，眼泪直流。我一看，慌了，连忙将他扶起，给他倒水。等他缓过神来之后，他说自心脏不好，不能受刺激。事后电话联系他家长，母亲也证实，他确实身体不好。我邀请他的母亲过来，他的母亲一直以工作繁忙无法抽身为由没过来。联系他的父亲，他在外省，更无法顾及。

他缺课的习惯依然没改，我只能跟他谈理想、谈人生、谈纪律，一而再、再而三地好言相劝，可是他的毛病依然没改。虽然每隔三五天就将他的情况报告给他父母，但是收到的效果甚微，直到他缺课的节数已经到了学校规定开除的限度。我再次把他找来，并阐明学校将要对他做出劝退的处分。他沉默不语，一天后他再次找到我，痛哭流涕地求我给他一次机会。我联系他父母，要求他父母来学校协助教育，但是仍然遭到拒绝。后来跟他父亲协商，让他提前回家，但保留学籍，方便以后报名当兵。

一个学期过去了，我接到一个电话，说是魏某某的家长，想来学校了解一下，为什么他小孩不想上学了。我大吃一惊，详细一问，原来之前我所打的电话都是假号码。魏某某父母都在家，并且恩爱有加，他本人身体不曾有重大隐疾。在他父母的求情下，我再次允许他回校学习，并写下了遵守纪律的保证书。毕竟让一个孩子读完高中，顺利考上大学是一件好事。可惜好景不长，一个月后，魏某某还是因为缺课问题而被班主任提出要求让他转学。最终魏某某还是提前结束了他的高中学习。

（广东省名班主任曹铭珍工作室学员　电白一中　张瑞帮）

【案例反思与升华】

这是一个失败的教育案例。在这个案例中该老师确实付出了很多努力，却无法挽回一个堕落的心灵。虽然可以说问心无愧，但作为教育工作者，也要深刻反思，德育真的能挽救所有学生吗？为何案例中的教育者会被学生当"傻瓜"一样玩弄？为何孩子有着这么一颗无所畏惧的心，敢说出这样的弥天大谎，还布了这么完善的一个骗局？其实从这个案例中我们也得出了这样的思考：

1. 教育不应该离开处罚

没有人敢说成长一定就是快乐的，而且快乐的成长可能带来的就是痛苦的成年。在整个教育过程中，是严厉的处分迫使魏某某无法再编谎话，也让他尝到了任性的苦果。

2. 家校沟通要真正通

家长与学校之间，要通过各种渠道进行沟通，时间要充分，不能等学生出了问题才被动地沟通，这样会刺激学生产生过激的情绪变化，甚至做出意想不到的过激行为；同时还会给简单事件的处理带来不必要的麻烦。我们班主任与家长的沟通更要主动，还要注意说话的艺术，让家长对班主任心怀感激。

（广东高州中学　曹铭珍）

每一个学生都是一个独特的个体

【案例全景】

下午，快乐的上课铃声响起，经过了快两个小时的午休，同学们又精神饱满地快步走向教室。我也早已站到了讲台上，恭候我可爱的学生们。今天我的心情很好，因为刚刚过去的中段考试，我们班取得了不错的成绩，尤其是尖子入围人数远超预期。这届学生真的很努力，我得更用心地去教他们，我对自己说。

我面带微笑地看着一个个熟悉的身影从教室门口鱼贯而入。最后一次铃声响起，我再一次扫视全班。咦！怎么有一个空位？我皱了一下眉头。我们班的一号男选手？他怎么会迟到？我有点茫然。

十分钟过去了，黄同学还是没有来。多年的班主任工作形成的强烈的责任感使我马上拨通了他家长的电话。"他去学校快半个小时啦！""那你快去找找吧，我再了解一下情况。"

一个小时后，我接到了黄同学家长的电话，电话那头传来的声调明显低沉了很多。经过家长一番吞吞吐吐的叙述，我终于明白了原委。原来，黄同学家长知道黄同学考试失利后就说了他几句，还特别拿黄同学的哥哥跟他做比较，要黄同学向他哥哥学习，保证考上重点高中。而黄同学心情本来就不好，一下子火气上来就跑了出去，跑到网吧上网去了！最后黄同学家长恳求我不要批评黄同学，但他又表达了强烈的担心，希望我能做好黄同学的思想工作。

放下电话，我原本愉快的心情一下子跌到了谷底。我陷入了沉思：这次考试考得好一点我就沾沾自喜，可我有留意过这次考试失利的学生吗？我只看到考得好的学生，我只表扬考得好的学生，还要求考得不好的学生向他们学习取经。可我不知道的是这次考得不好的学生也许他们付出的努力并不比别人少，他们的学习方法也不见得就比别人差，他们对成功的渴望也不比别人少一点！难道这也要受批评？或者要他们放弃自己的学习方式而向别人学习？这一连串的问号让我觉得脸上火辣辣的，我知道我做的工作还远远不够。我想起了安奈特布鲁肖在《给教师的101条建议》中说："每一个学生都是一个独特的个体。"这句话让我知道了现在黄同学需要的是去除自卑，树立自信，更重要的是总结出适合他自己的学习方法，而不是成为他哥哥的复制品。除了找他的家人聊天，打消了他们想让黄同学成为哥哥第二的念头，我更多的是和科任老师一起帮黄同学总结出适合他自己的一套学习方法，并且在课堂上多次肯定黄同学的学习方法，在发现黄同学用对方法取得进步后还大肆表扬，让他脸上洋溢着一次又一次灿烂的笑容。

安奈特布鲁肖在《给教师的101条建议》中说："每个学生都是一个独特的个体，是他自己。"就这样来对待他们，赞美他本人，而不是强迫他成为别的什么人。而中学阶段是孩子们身心发展最剧烈的时期，这个时候他们特点鲜明，最希望独立，最渴望得到别人的肯定。所以，让我用发现美的眼睛去寻找每一个学生身上那种最独特的美吧，呵护这种美，让这种美照亮学生未来的人生。

（广东省名班主任曹铭珍工作室学员　黄家德）

【案例反思与升华】

作为一位有智慧的班主任在关键时刻会彰显自己智慧的魅力，如同案例中的班主任那样：

（1）遇到无故缺勤的学生，第一时间与家长沟通并找人。

（2）作为班主任要学会关注每一个独特的学生个体。

（3）面对学生考试的得失要一分为二，全面分析。

（广东高州中学　曹铭珍）

爱是船　严是帆

——我的教育故事

【案例全景】

七年前，我走上了高中讲台。当时我想，我像教初中时一样满怀爱心，应该也能当好高中班主任吧？苏霍姆林斯基不是也说过没有爱就没有教育吗？然而，事实告诉我，面对高中生，师爱并不能所向披靡。

洁玲是个漂亮、高冷的女孩儿。开学不久，她的妈妈就打电话给我，说洁玲一直恨她跟洁玲的爸爸离婚，恨她去深圳打工，恨她让其寄居在舅舅家，叫我多关心洁玲。这时，我本能地想到屡试不爽的教育"法宝"——爱心。一次晚修时她睡觉，我给予了提醒；第二天上课时，她在看小说，我关心地说："是不是身体不舒服？是不是有心事？"她面无表情地说没事。又过了一周，她居然连续三天迟到！当我继续表达关爱时，她竟然很不耐烦地说："你又不是我妈，我的事不用你管！"这时，我愣住了！我知道，简单的关心对她根本无效，既然无效，我何不拿出老师应有的严格？于是，我正颜厉色地说："我不是你妈，但我是你的班主任！任由你自甘堕落，是不负责的！而我不是这样的人！这样吧，以后我每天都接你上学，你每天早上6：50在广怡酒店门口等我，同时我会备上你的早餐，但你从此以后不能迟到！"她没想到我出了这招，就默不作声。第二天，她果然在那里等我。她这样乖巧的日子坚持了三周。可有一天，她居然没有按约到地点。她发来信息，说她成绩不太好，想通过学美术来考取好一点的大学，可妈妈不答应，所以不想上学了。我知道，又一个教育契机来了。于是，我亲自到她舅舅家，一方面打电话给她的妈妈做思想工作，一方面严厉批评她不守纪律的任性行为，批评她没有顾及妈妈的经济压力，还批评她不懂感恩身边对她好的人。在我的多次努力下，她的妈妈终于同意她学美术，她从此也很争气，现在已经读大二了。

今年春节，她发来信息，说："老师，感谢您当初对我爱在细微处，严在当严处。"

（广东省中小学名班主任曹铭珍工作室学员　谭亚慧）

【案例反思与升华】

这个教育案例，让我明白了一点：老师的爱如同给学生航行的船，老师的严如同把握方向的帆。无论是不人道的"严"，还是假仁义的"爱"，都会给学生造成不良后果，甚至断送学生的前途。所以，教书育人的路上，我一直记住：爱是船，严是帆！

1. 爱是船，装载宽容，但不能溺爱、滥爱

对于学生，我们班主任要有爱，但爱要的是宽容的爱，有效的爱。案例中的学生一次上课睡觉，接着连续三天迟到，最后竟然还顶撞老师，在这种状况下，老师还一味地施予她无休止的爱，等于徒劳无功，在两次施爱后方式有所改变，这样才是有效的，案例中的班主任是明智的。

2. 严是帆，起航有向，但也要严之有度

对于学生，不能随意就训斥，老师要依具体实际操作，必要时严厉的眼神更有效，否则会适得其反。总之，教育学生要有智慧，严与爱要有度。

艺术楼

（广东高州中学　曹铭珍）

那一片阳光与水的地方

——痛苦有时候比快乐更能让人铭记

【案例全景】

当2009年的钟声敲响的时候，我收到了一条短信，内容是："老师，感谢您给我的吊兰，它是我一生中最好的礼物……"没有读完，我已经知道是谁给我发的祝福了。

那是发生在2008年2月早晨的一个故事：穿过略带寒风的黎明，我骑着自行车来到学校看晨读。蒙眬的睡意尚未褪尽，我已来到了我班教室门口，屋内朗朗的读书声让我感动，透过沾满蒙蒙水汽的玻璃我朝里看去，发现小宇的座位空着，课桌上散乱地放着几本数学书。我气不打一处来，心想小宇这家伙看样子要和我玩"持久战"了。上午是语文早读，我比平时提前十分钟来到教室，是想在第一时间"抓"到他，看看他这次怎么解释。我心中不禁生起几分得意之情。在铃声响起的那一刻，小宇终于进入我的视野。我喊道："你今天晨读怎么没来？你上一次怎么向我保证的？你太令我失望了！这次你怎么解释？"这时我已气得浑身发抖，大口大口地喘着气。我做好了他向我辩驳的准备，而他今天却一反常态，低头不语。这个结果和我预想的大相径庭，我也失去了与之较量的冲动，就让他回教室了。他抬起头看着我，倦意的脸上写满了茫然。在之后的几天里，小宇没有再迟到。正当我得意自己的教育有了效果的时候，一张得了十分的数学卷子又打碎了我的美梦。

"你们班怎么会有这样的学生。"数学老师生气地说，顺手将一张试卷摔在了我的办公桌上。向试卷望去，一个大大的"10"映入我的眼帘。

"也不知道小宇这孩子怎么想的，整天一副睡不醒的样子！"

"李老师，你消消气，这事我会处理的，一定给你一个满意的结果。"

送走了数学老师，我重新拿起数学卷子看了起来，发现都是最基本的练习题，怪不得数学老师生气。看着那张静静地躺在办公桌上的白花花的卷子，

116

我陷入了沉思。想起自从小宇调到我班之后，给我带来的许多麻烦，我真想放弃他。我自我安慰：反正我已经尽力了。下课后，小宇被我叫进了办公室，他的脸上写满了倦意，本来就黑的皮肤显得更加憔悴，依然是低头不语。无名的怒火升起，看来这家伙是采取"不抵抗、不合作"态度了。"你看看你做的卷子！再这样下去，我就不管你了，你好自为之吧。"我朝他喊道。他依然低头不语，上课的铃声响起，我还是让他回教室上课去了。看着他离去的背影，我无处发泄我的怒火，顺手将试卷掷到空中，卷子在空中摇晃了几下，落到了窗前的吊兰上。吊兰垂下的绿枝条在空中晃动了几下，在阳光的映照下，更加翠绿欲滴。我走到窗前，轻轻地触动那柔嫩的绿叶，仿佛在抚摸一个幼小的孩童。这盆吊兰是两年前我从别人的花盆里剪下的一条枝条生发的，我将它移植到现在的花盆中，每天早晨来办公室的第一件事情就是给这个枝条浇水，等到阳光照射到窗台上的时候，我便让它沐浴在阳光中。日复一日地精心呵护，吊兰不断地生出新的嫩芽，嫩芽由最初的两瓣，变为四瓣，变为八瓣，日复一日地繁衍着，仿佛在编织着一个绿色的梦。看着这翠绿的吊兰，这一刻，我笑了。这是精心呵护的结果，这是爱的结晶。我不禁反思：我的爱与耐心都跑到了哪里？曾经未走上讲台的我，憧憬着美好的教育理想，可不经意间，这一切都被日日烦琐的教学任务磨掉了。失去对学生的爱，教育便失去了内涵。一代名师霍懋征曾说过，一个好教师的标准就四个字：敬业、爱生。我愿重新找回昔日的激情，用爱去感化我的学生。在以后的日子里，我改变了对小宇的态度，试着去找寻他的优点，增加和他沟通的次数。一个月过去了，他对我也不再那么无视了，经常在课间与我谈他小时候的故事。我从他的谈话中得知：在他小学毕业的那年暑假，父亲为凑足学费，带着他到镇上卖粮食，在路上，他被从车上掉下的一袋粮食压倒了，腰部肌肉拉伤，以后便留下了后遗症，有时夜里都会隐隐作痛，难以入眠。他的眼睛朝向远方，好像已经回到那个让他伤心的童年。我试探地问道："那你脸上的倦容是不是因为这个原因？""那经常迟到，也是因为……"他羞涩地点着头。他之所以隐瞒此事，是因为其中包含着太多的痛苦。此刻，我为自己的没有耐心和粗心而感到深深的自责，因为我的疏忽，给这个原本就痛苦的孩子增加了更多的痛苦。为了弥补我的过错，我决定帮助小宇重新燃起与病魔抗争的勇气，重拾生活的快乐。在一个卫生大扫除的下午，我让小宇帮忙打扫办公室。他看到我特意放在办公桌上的那盆吊兰时，感慨道："长得多旺盛啊！"我附和说："是啊！生命力很顽强啊！可是你知道它是怎么来的吗？"

"不知道。"

"它是我两年前从别人的花盆里剪下的一个枝条生发的。我每天都给它浇水，晒太阳，于是就长成现在这个样子了！"他的脸上闪过一丝惊诧。我继续说道："生命的历程充满了奇迹，就像这盆吊兰一样。你一定要记住，有阳光与水的地方就会有奇迹，生命就会得以延续。"

我将吊兰的一个枝条剪下，递给了正在沉思的小宇，对他说："你有信心将它栽活吗？""一定能。"他坚定地说。

那枝条在阳光下显得格外的翠绿。

泰戈尔说过：不是锤打，而是水的载歌载舞才使鹅卵石臻于完美。我愿化作教育海洋中的一朵浪花，去雕琢、打磨那多彩的鹅卵石，一生一世。

（广东省名班主任曹铭珍工作室成员　广东高州中学　黄玉玲）

【案例反思与升华】

英国的塞·约翰生说："成大事不在于力量的大小，而在于能坚持多久。"这句话分明在说耐心的重要性。不错，对于学生的教育，不是一天一次对话就可以把孩子管教得服服帖帖的，而要像马拉松式的引导。就如案例中班主任的教育过程，她是成功的，她展现了教育的智慧。

1. 教育要做到耐心，不厌其烦

班主任老师管理着一群青春可爱的学生，他们的违纪定会五花八门，出现的情况也会各异，所以班主任要有耐心，因为耐心是创造希望的艺术。

2. 教育要善于挖掘学生的闪光点

人都是喜欢被赞扬的，但班主任老师明明面对的是一个刚刚违纪的学生，怎会不发怒？还要对其大力嘉赞？这时，我们就要学会冷静，挖掘学生的闪光点，利用其优点转化他的缺点。

（广东高州中学　曹铭珍）

做一个喜欢反思的班主任

【案例全景】

初为班主任的我接手的是高一级，这是一个很特殊的班级，这个班课堂常规很不好，班风不正。初接手的时候，每天烦琐的事情把我折腾得晕头转向，坏情绪不能排解，结果让师生关系越来越紧张。记得有一天，班上的孩子又在课堂上随意说话，叽叽喳喳，屡禁不止。我一生气，就勒令全班起立，听我训了一节课！结果发现，他们在我的课堂上有所避忌了。往后好几次遇上类似情况，我都采用了这种快刀斩乱麻的方法。过了一段日子，班上有个女生总是请假不来上学了，说是头疼。开始我也没在意，但这种情况持续了两个星期，直到该学生的妈妈给我打电话，告诉我，经过详细的检查，孩子身体一点毛病都没有，但仍是嚷头疼，其实是心理的问题！她是一个自尊心很强的孩子，一直都是老师的表扬对象，我新接班，不了解孩子以前的表现，严字当头，她因为课堂上说话被我当着全班同学的面批评了，后来自己控制住不说话，但班上不少同学还是说话，又被老师一起批评了，心理有落差并认为老师奖罚不公平，导致其不想来学校了。心理医生说是轻微的厌学症！我一听就呆了！我居然把一个孩子弄成了厌学症！幸亏孩子的妈妈通情达理，理解老师的管理方法，说自己孩子的心眼特别小，想偏了，休养好就没事了。

但是事情确实发生了，即使家长不追究，我还是认为自己难辞其咎。我知道后，不断地反思自己管理方法的利弊，找有经验的老师帮助我解决这件事情。首先，我去学生家里探望，和她聊天，告诉她老师用这种方法的理由，争取孩子的理解。和她说说学校举办的活动，转告同班孩子对她的关心，让她减少对学校的抵触情绪。其次，我反思自己的教育方法，做出改变，不再一起批评学生，也尽量不在大伙面前批评某个学生，而是逐个教育，创造良好的班级舆论。多讲道理，运用小故事告诉学生们应该怎样做，避免大为光火地训斥学生。针对班上学生喜欢说话，不善于倾听别人的情况，我就讲了一个故事，通过故事告诉学生们：嘴巴闭着、耳朵和心有洞的小金人比单单嘴巴有洞或单单耳朵有洞的小金人珍贵，因为可以把话听到心里面，用心倾听才是最棒的。慢慢地，学生和我的心走近了，班级的纪律好了很多，那个女生重返学校，再也没有说头疼了，大家的成绩也有了进步。我也慢慢地摸到了管理班级的一些门道，使我后来再接手新班级时顺手多了。

（广东省名班主任曹铭珍工作室学员　广东高州中学　韦武枢）

【案例反思与升华】

从厌学孩子的处理案例中，我深有体会，作为班主任面对学生的违纪不能运用直接禁止和训斥的教育方法，而要不断思考，总结经验教训，在成长的道路上收获更多财富，让自己变得更加成熟。

1. 新班主任接新班，要了解每个孩子的状况，做到心中有数

在相处期间，要在最短时间内摸清孩子的个性。

2. 班风是班级好坏的决定因素

建立良好的班级舆论，班主任要给孩子们一个明确的目标，明确的励志口号，让孩子们心里有个正确的舆论导向。比如，高三（3）班的口号是——我的家，进步文明靠大家。孩子们明白班级需要进步，需要讲文明，要大家一起努力。每当班上士气低落的时候，我就让孩子们喊一喊，鼓舞士气。

3. 直接训斥教育方法要不得

这种教育方法是一种伤害性很强的教育方法，并且收效甚微，尽量不用。我们捕捉学生的心理可以利用故事感染法，启迪学生改变。

4. 班级的各项规定要严明、公平

追究错误要落实到个人的头上，切忌"一刀切"，一竿子打倒一片进行批评。每次的惩戒要让学生认识到自己的错误所在，并从心里接受批评，没有抵触情绪，要心悦诚服。以前我的火气比较大，很容易在课堂上发脾气批评学生，有时弄得自己难堪下不了台，后来我发现这种批评学生的方法，即使他表面上服气了但实际上只是畏于班主任的威严，心里并不服气。托德·威特克尔说："如果失去耐心和职业水准，我们出语伤人的可能性就大大增加。尽管我们有时候可能恢复正常，但我们泄愤的对象却可能无法恢复。师生之间的关系可能永远有堵墙。成功的教师知道，师生关系一旦遭到破坏可能再也无法恢复。"班主任就像将军，需要智慧和技巧。于是我学会了"以退为进"的处理方法。

5. 班主任要具备一种爱孩子的心

有教育家说过，把学生当作自己的孩子来爱。有了爱孩子的心，老师会多从他们的角度考虑问题，反省自己的做法是否得当，才能从问题的千头万绪中走出来。一个和孩子们较真的班主任，一定是不爱他们的。有了对孩子的爱，才能接受他们的不懂事和重复地犯错，然后再想办法帮孩子们纠正。

6. 教育要从心灵入手

班主任要真正教育好孩子就要从孩子的心灵入手，在心灵的交流中唤醒每个孩子内心深处向上向善的本性。从孩子心灵世界中洞察变化和发展，唤起他们心灵深处自我矫正的愿望，潜移默化中达到自我教育的目的。托德·威特克尔在《优秀教师一定要知道的14件事》中强调："最优秀的教师是如何管理课堂的呢？他们有什么独到之处？简而言之，优秀教师关注期望；另一些教师则关注规则，而最差劲的教师关注破坏规则后的惩罚措施。"带着这些启发，我曾在班上大力推行这样一种处罚方式：对违反纪律情节比较轻的学生，我罚他上讲台唱一首好听的歌或者讲一个动听的故事。经过一段时间的实践，我发现这种处罚方式的效果比以前明显好了很多。首先，受这种处罚的学生一般不会对老师产生心理上的抵触情绪，因为他在上面唱歌或者讲故事时下面的同学会给他热烈的掌声，可以说他是在一种很快乐的氛围中受到教育。

总之，作为班主任，教育学生时，我是用心的。不让学生惧怕班主任，而是运用智慧让学生爱班主任、信任班主任。因为爱的力量胜过说教，胜过拳头。托德·威特克尔说："成功教师的一大特点是，他们能在课堂和学校里创造出积极的气氛。他们每天都以尊敬的态度对待每一个人。即使最优秀的教师或许也不会让每一个学生都喜欢。但从行动上看，他们却好像受到每一个学生的欢迎。因为他们了解赞美的力量。"学生是一个特殊的群体，他们渴望尊重与关注。班主任工作是一门艺术，艺术的生命就在于不断创新，而创新的关键在于在坚持教育精髓的同时，通过不断反思自己，不断改变教育手段，不断完善自我。

（广东高州中学　曹铭珍）

别让"个性"变成了"任性"

【案例全景】

初为人师时，总以为那些敢于发表自己意见，不按常规出牌的学生就是聪明的有个性的学生。针对这种类型的学生，我的态度是保护他们的言论自由，尊重他们的选择，以为这样就是保护学生的个性，促进学生的个人发展。直到有一天，我遇到了学生小吴。

小吴，来自乡镇中学，入学成绩处于班上中等水平，他初中所在的学校是出名的中考大户，那里的学生以勤奋踏实、成绩高而被众所周知。然而，这部分学生高中之后的表现并不出色，主要原因是在初中时，学生们完全处于受控状态，也就是说，所有的学习时间都被老师安排得满满当当的，什么时候该学什么，怎么去学，这些统统由同样勤奋的老师逐一手把手地指导。学生的自主学习能力得不到很好的培养和锻炼，反而失去了自己思考问题、解决问题、安排学习时间的能力。因此，到了高中，学生进入了强调自主学习的阶段，没有了老师紧跟身后的催促与指导，学生一下子失去了方向，方寸大乱，经历几次挫折，但自己受挫的心理承受能力没有因此而提升，反而陷入了低谷。初中时有老师的精心呵护，是学校、老师的宠儿，一旦遇到困难，老师都会细心安抚，然而高中更多强调自我心理调节。因此，这部分学生，在高中后如果心态上没能扭转过来，总是期待着老师的"搭救"，不懂得自我反思、自我调节，就容易跟不上学习的进度，其他的纪律问题便会接踵而至。

小吴，来自这个群体，但又有些不一样。相比起那些自觉勤奋或者被迫勤奋的学生来说，他显得有点"懒"，他不会完全按照老师的要求去做，所以在初中时就不属于老师心中的拔尖生。高中后，他依然延续一贯作风，偶尔会不完成作业，科任老师把他叫到办公室进行思想教育，他总是默默点头，然后笑而不语，回去后依然我行我素。他外表看起来放荡不羁，平时不喜欢随波逐流，不喜欢参加班级活动，但是为人正直，敢作敢当，犯错了绝不会千方百计找理由推搪。当时作为班主任的我觉得这是一个自我意识比较强的人，虽然不完成作业，偶尔还走神，看课外书，但他至少不是"读死书"的人，而且为人善良，只要给他一点空间和鼓励，相信他一定能进步的。

所以我采取观望态度，对他不完成作业的行为并没有严厉指责，只是稍作提醒，然后说："进入高中，你就不是小孩子啦，什么事情该做，什么事情不该做，自己要有一个判断，不能够放任自流。"因为班上还有比他更调皮的学生，我的关注点并不完全在他的身上，后来的几次大考，他的成绩一直在班上中等偏下水平徘徊。虽然知道情况，但我还是仅限于提醒和鼓励，并没有对导致他成绩不理想的行为进行严厉批评并督促他改正。我想他总有一天会自己醒悟，然后发奋。

但直到高一结束，我都没有看到这种蜕变。到高二，他选择了理科，也离开了我这种"放羊式"的管理模式。在一年一度的校运会中，我竟然看到了一个熟悉的身影，居然是他！这个在高一时总是勉为其难地参加集体活动的他，竟然站在运动场赛道上做起了一名赛道工作人员！这种蜕变让我感到欣喜。后来刚好碰到他高二的班主任，才知道高二的他原本也想继续高一的作风，但是这次换了一个班主任，这位班主任以严格认真著称，因此他的不羁并没有得到允许，反而使他学乖了，变得更有责任心和集体观念了。听到他的转变后，我内心深感惭愧，如果不是我在高一时对他过分放松，也许现在他会变得更好！所以我那种期望通过无为而治而达到自省的方式，也许没错，但是效果很慢，在关键的三年仅靠学生的自我反省、自我约束和自我成长是很难的，学生成长之路上需要教师的帮助与指引，不仅仅是言语上的鼓励，也需要严格的要求。因此，我懂得了，对学生的包容不等于放纵，尤其在涉及原则问题时，一定要站稳立场，让学生明白有些事情是没有商量余地的。

（广东省名班主任曹铭珍工作室成员　广东高州中学　葛小杏）

【案例反思与升华】

案例中的小吴是一个有个性的学生，作为班主任不能因为欣赏学生的个性而放松了对学生的要求。该严厉时班主任却心软，偏偏这就是班主任的毛病所在。因此，作为班主任教育要讲究艺术。

1. 班主任要有点"料"

"料"就是班主任平时积累的素材，在实践的过程中，将自己积累的东西在必要的时刻能拿出手为己所用。

2. 班主任要有点"爽"

"爽"能让学生亲近你，与你有话可说，这样能很好地掌握学生的动态。

3. 班主任还要有点"严"

"严"师出高徒，不错，在关键时刻班主任要学会彰显威严，让学生心服口服。

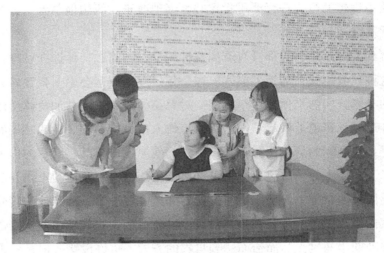

引领教育

（广东高州中学　曹铭珍）

留守学生伴我成长

【案例全景】

著名心理学家马斯洛把人的需求分为生理需求、安全需求、爱和归属感、尊重和自我实现五个层次。而我所教授的学生当中，有很多是留守学生，他们最缺乏关爱和鼓励，作为班主任，我一直关注留守学生这一特殊群体。

2015年我担任高二班主任，班中一名学生引起了我的关注，这名学生经常借故请假，我原来规定请假一定要家长打电话才能批准，但这位学生的妈妈也是非常奇怪，每次都会发短信过来请假，好几次我都打算跟家长沟通一下，想让她严格要求孩子，不要随便请假，但她每次都是匆匆忙忙挂断电话。

某天，这个学生又来我办公室请假了，这一次请假的时间是一个星期。我问她有什么事情要请这么长的假。她说，这是私事。当我再追问，她显得很不耐烦，又说，是身体不舒服，要去看医生。我当时觉得她是在找借口想逃避学习，就对她说，如果她确实身体有问题，就请家长给我打电话或者拿医生证明来。她立刻拉长了脸，大声说，来不来上学是他个人的自由，向我请假已经很尊重我啦，我还想怎样？我的脑子被震得嗡嗡作响，我没想到她会如此激动，这么没礼貌地朝我吼叫。我气得浑身发抖，但还是控制住自己的情绪，对她说，她父母把她交给学校，我是她的班主任，老师必须对她负责任。听了我的话，她不好意思地低下了头，当她抬起头的时候已经是满眼泪花了，她哽咽地说，其实她只是想待在妈妈身边而已……看到她这个样子，我也觉得十分不忍心，赶紧把她拉到办公室的走廊上，听她慢慢诉说心事。原来，这个学生从小学四年级开始就是留守儿童，父母双双外出打工，家里只有她和年迈的奶奶。妈妈在广州当保姆，工作非常辛苦，平时也很少回家，这两年过年都没有回来。这一次，妈妈的雇主全家出国旅行，妈妈才能够回来一个星期，这一个星期是多么宝贵，她有很多心事要向妈妈倾诉。这时候我才明白，站在我面前这个身材单薄的小女生是多么坚强，她一直以来都坚强地生活着，她要独自承受多少超越她这个年龄阶段的困难与挫折。她妈妈因为工作忙，打电话不方便，母女俩都是靠发短信联系的。之前她每次请假我都要求她妈妈给我打电话，她觉得影响到她妈妈工作了。

后来，我也采用发短信的方式和学生的家长联系，这样的联系方式非常适合工作比较忙碌的家长。与家长的联系多了，学校和家庭形成一股合力，这个学生请假的次数慢慢变少了，学习成绩也提高得比较快。

留守学生需要更多的爱和关怀，班主任不但要经常与家长联系，还要考虑与家长联系的方式，才能取得良好的效果。

（广东省名班主任曹铭珍工作室学员　广东高州中学　车寿德）

【案例反思与升华】

案例中的班主任处事有智慧，他告诉我们，班主任工作千头万绪，要面对的学生和家长又是不同的，班主任一定要灵活，对于出现的不同问题要学会及时调整工作的方法和策略，这才有利于提高工作效率。一名普通的班主任要转变为专业化的班主任，需要不断锤炼自己，所谓经一事长一智。

1. 班主任要善于观察

作为班主任，面对几十位学生，一定要有一双敏锐的眼睛，时时眼观六路、耳听八方，还要学会观察学生，做到对学生心中有数。

2. 班主任要灵活变化

班主任在教育学生时要学会灵活变化，根据学生的变化做相应的处理变化。

（广东高州中学　曹铭珍）

教书？育人！

【案例全景】

我担任班主任3年多了。犹记得去年担任高二（14）班班主任，虽然班中有不少调皮捣蛋的学生，但是一学年下来也还算相安无事。可就在学年即将结束时还是出事了——出现了失窃事件。

那天下午第四节课（5：00-5：30），班长组织大家下午拍集体照。本来高高兴兴的，可是晚上6：30回来上自修时，学生A来报告他的手机放在教室里不见了，并且学生之间已经有了怀疑对象——本班学生B。学生A情绪比较激动，焦躁不安，口口声声说是B拿了他的手机，并且经过中间一小时的事件发酵，情况严重到班里学生基本分成了两派，一派支持A，一派支持B。我意识到事情的严重性，很棘手，不敢轻易下结论，之前都没有遇到过类似的事件，所以当时的我心慌意乱、不知所措。

我平静下来，经过短暂的思考，捋了一下思路，我知道最先应该做的就是安抚全班学生的情绪，让他们平静下来，这样才能挽救班级的凝聚力和他们相互之间的信任；第二就是分别详细询问学生，做好排查，看谁的嫌疑最大。

在班上安抚学生的时候，我也是小心翼翼，并且一再强调自己坚信不是"内鬼"，建立信任。经过调查，确定手机是在下午第四节课5：00-5：15之间丢失的，并且5：12学生B确实回过教室，还是爬窗进来的，刚好被学生C看到，而学生D又补充说学生B的女朋友有了新手机，种种证据都指向了学生B，我也开始相信学生B的嫌疑是最大的。学生B平时表现就不好，总是满口谎言，我认为这手机也一定是他偷的，这时候我是很生气的，暗自埋怨他为什么要搞出这样的事，为什么要在学期快结束的时候给我出这样的难题，真是气人。但是，我没有立即向学生B发火，压抑住心中的怒火，心想或许事情还有转机呢。最后，我叫了学生B过来谈话，观察他的表情变化，我没有直接说他的嫌疑最大，还说老师相信不是他偷的，希望他要是发现新线索也能第一时间告诉我。

127

经过一晚上的调查取证，最后在班里总结的时候，我艺术性地说了几点：

（1）学生A在校园携带手机是违纪行为，不要指望学校会帮忙找回，但是我作为班主任会尽力追查，如果真的找不回也只能是学生A自己承担后果。

（2）我相信一定不是本班同学所为，但如果真的是本班某个同学一时糊涂犯了不该犯的错，我希望他能悄悄地把手机放回原处。

（3）其实想找出"真凶"并不难，直接向校领导申请调取监控录像来看就好，只是我还想给那个"小偷"一次改过自新的机会。

（4）一个学校其实就相当于一个社会，形形色色的同学都有，所以大家都要多留个心眼，注意保管好自身的财物。

第二天一早回到班里，学生A就说他的手机被放回来了。哈哈，真是皆大欢喜。但是同时也印证了学生B的嫌疑，肯定是因为我昨晚那一番话，他才感悟到错误，改过自新。

后来在学期结束后，我收到了一封匿名信，说是感谢我当时没有逼他，感谢我给他改过的机会，他这一生都会铭记在心，都不会再干这种"勾当"。

"教人以美好，授人以希望。"教育最重要的就是教会学生如何做人，我想，这才应该是教育吧。

（广东省名班主任曹铭珍工作室学员　广东高州中学　凌少映）

【案例反思与升华】

时光荏苒，岁月如梭，转眼，从教二十多年，一直担任着班主任，虽说高中教育工作谈不上很辛苦，但班主任工作也不轻松，可我心中却一直有一种信念在支撑着我不断前行：教育就是"教书""育人"。教书育人是教师的天职，而"育人"更是班主任的首要天职。每一个学生都是纯洁的、可"育"的，即使再调皮捣蛋、可恶的学生，心灵都有一片净土，只要悉心教导，耐心引导，教其以美好，授其以希望，总会收到意想不到的效果。所以，我感慨万千，处理类似这种偷窃行为的学生，还真得讲究艺术。

1. 班主任会洞察学生的心理

像案例中的班主任，当接到有学生汇报偷窃事件时，并不是第一时间就找怀疑对象进行审讯式的盘问，而是冷静有序却不动声色地进行盘查，既照顾了学生心理情绪，又很巧妙地进行处理，让学生觉得班主任有"料"，佩服班主任，相信班主任。

2. 班主任沟通说话有技巧

案例中的班主任在处理事件时所说的4句话，句句道出了真理，句句让学生入心入肺。偷窃事件很完美地解决了，学生也很愉悦地收场，还受到了一番意想不到的教育，这就是沟通的艺术。

学砚塘

（广东高州中学　曹铭珍）

与抑郁症学生聊聊天

【案例全景】

与小思第一次接触，我感觉她的语气凶巴巴的，接下来的事情也让我极为担忧：开学不久，她就闹了出"消失"。在一个平常的晚自习，她人竟然不见了。我和全班同学找了很久，最后，终于在校门口不远处找到了她，原来她准备出走。

通过与小思的深入交谈，我发现她内心有着非常多的矛盾：她的父母常年在外，对她缺乏关怀，她认为父母重男轻女，与父母无法沟通交流，因此，她非常痛恨她的父母。由于缺乏父母的关心，所以对老师非常的依赖。种种原因导致她现在有了一定的抑郁情绪。针对此种情况，我首先建议她去正规的医院看病，同时在学习上、生活上多关心她，纠正她的错误观念，协调她与家长进行沟通，经过长期的努力，她终于平复了心态，静下心来面对高考，最终考上了长沙理工大学。

（广东省名班主任曹铭珍工作室学员　广东高州中学　黄东平）

【案例反思与升华】

案例中的学生表现出抑郁症，面对这类学生我曾一度迷茫，不知所措，试过很努力去劝导学生，但劝也劝不了，导也导不通，效果甚微。同时我与家长沟通，可是换来的却是家长的一顿骂，说我不是医生，怎么乱说学生有抑郁症。因此，我不断反思、琢磨，后来再遇到类似的学生，我按照以下几点处理，还是有效果的。

1. 班主任要积累和掌握常见的抑郁症方面的心理学知识

如果第一时间发现学生异常，可以与他沟通，让他尽早认识和了解有关心理卫生知识，提高他的自信心，及时有效地处理。

2. 建立心理帮扶小团队

通过同伴效应，让老师和同学及时疏通、引导，帮助这个学生缓解心理压力，逐步纠正对抑郁症的错误认知。期间以温暖的、宽容的、支持性的态度对待学生、关心学生、理解学生，消除学生的紧张心理，让他感觉到你的关心，最终让学生敞开心扉，使其内心得到释放，心理逐渐走向阳光。

3. 巧言建议家长联系专业人员给学生做心理辅导

这样可以帮助学生逐步克服心理障碍，有效地挖掘学生个体潜力，缓解学生的心理压力，提高学生心理素质。

风华正茂

（广东高州中学　曹铭珍）

教育感悟

【案例全景】

前几年，我都是担任高三文科班的班主任，班上的学生多是女孩子，容易管理。去年我接受新挑战，换教理科补习班。没想到，这一年净碰到"骨刺"。

这一年来，对于一个72人有56个人是男生的班级，管理起来真的与管理女生多的班级有天壤之别。学生情态各异，有的沉默寡言，无论你如何和风细雨，耐心教导，他们也依然不动声色，我行我素；有的调皮捣蛋，在教室里坐不住，常常到最后一秒才蹦进教室；有的日夜挣扎，既不愿意面对2015年的高考成绩，又为2016年的高考感到无比的忧虑……我有点后悔我的选择了。我到底怎样做才能让这个班的学生全身心投入高考的备考呢？

我一个个找来谈话，进行教育，但是劳力又劳心，收效不大；开理想、奋斗的班会，大家也不"感冒"。我不由抱怨，这真是一班麻木的、冷漠的学生。没有办法，我只能等待。

我早出晚归，只要他们在学校的时候，我都在。我对学生嘘寒问暖，天冷了，嘱咐他们添衣保暖；要下雨了，提醒他们带伞；学生若头痛、感冒、发烧，送学生去看病都是常事。总之他们有什么问题，我都了解，都能及时给予关心和帮助。记得台风"杜鹃"登陆的时候，大部分家长都来接孩子回家了，教室里只剩十几个因返家路途遥远而滞留在校的学生。下午，窗外风雨交加，一刻也没有停歇过，校园里的树被吹得东倒西歪，有的竟被连根拔起。我一再叮嘱他们要留在教室等比较安全的地方，千万不要外出，还给他们预订了外卖当晚饭。可是晚饭时间已经过了很久，叫的外卖因风雨太大没能及时送达。学生们已饥肠辘辘，再也无心学习。夜幕渐渐降临，更糟糕的是学校竟停电了！大家沮丧万分！我一直打电话和学生保持联系，得知情况，我冒着狂风暴雨，买了一大袋面包和牛奶，还有好几只手电筒，在那个风雨如磐的台风之夜送到教室给学生！那时，孩子们虽然什么也没说，但眼泪却在眼眶里打转。

此后，我惊讶地发现这班"木头人"变了。他们好像一下子长大了，他们不再让我操心，不再令我烦恼；他们相互帮助，相互学习，刻苦拼搏。我请了上届的高考尖子生给他们介绍学习经验，带着他们跑操，模拟考后请科任老师和他们座谈……

有个学生悄悄写了张纸条，折成花朵放在我的办公桌上：老师，我们为有这样一位像母亲一样慈爱和富有责任感，时时刻刻关心我们、爱护我们的班主任而自豪！感谢您的默默陪伴，伴我们风雨兼程。纵使前路荆棘满地，我们亦要奋勇前进，待到六月夏荷绽放时，我们一定会捷报频传，让您为我们而骄傲！

回顾走过的日子，工作的艰辛和快乐历历在目。班主任像"家长"，一定要用"心"去营造一个"家"，给学生一个有安全感、幸福感、充实感的家，才能激发学生追求自我价值的实现。

（广东省名班主任曹铭珍工作室学员　化州一中　陈晓红）

【案例反思与升华】

班主任的工作千头万绪，一个不留神便会闹出这样那样的"戏"。

可是，不是所有班主任对工作都上心、用心、耐心。甚至有的只是为了做班主任而任务式地完成班主任的工作。我想，如果做班主任能像案例中的班主任那样，有母亲般的慈爱和富有责任感，时时刻刻关心学生、爱护学生，学生必定拥有安全感、幸福感。从她身上，我得到了以下启发：

1. 行动比空洞说教更实在

学生个性差异多变，特别是理科生，智商比情商要高，对于班主任的一味说教，他们只会敷衍了事，并没有认真倾听。

2. 等待会是美丽的

对于学生的教育，历来都考验教师的耐性，而且学生是有感情的人，不是一次两次的说教就足以改变一个学生的内心，教育的过程本就是一个漫长的过程，需要我们真心的付出、马拉松式的慢教育，也许这样的效果会更加有效，等待会是美丽的，就如案例中的老师。

（广东高州中学　曹铭珍）

发现闪光点，真情融化"小刺头"

【案例全景】

　　梁某是早几年从我班上毕业的学生，我没接手之前，提起梁某这个名字，教过她的老师，对她的评价都是统一的：她是一个女孩子，但性格比男孩子还刚烈，学习成绩不好，违反纪律是家常便饭，刁蛮，和同学相处不好，还喜欢顶撞老师。最后老师都摇着头总结说："这孩子，典型的'小刺头'！"

　　初三她分到我的班，开学那天看到她坐在教室的时候，我心想，完了，这个烫手的山芋到我班来了，我要时刻做好跟她"战斗"的准备。学期开始，她就麻烦不断：宿舍教官三天两头投诉说梁某违反纪律、不搞卫生、玩手机、和宿舍其他女生吵架，等等。在教室，她也是经常违反课堂纪律，她身边的同学好像也不喜欢她，因为她老是小动作不断，影响他人。我感觉头都大了，甚至还想着放弃她，所以对她我做不到一脸和蔼，但是她看到我依然老师长老师短地叫，我心想："咦，这孩子有礼貌，不记仇。"有一次，全女生宿舍卫生都扣了分，我把全宿舍的女生都找来，结果大家都不肯承认错误，只有梁某主动说是因为她的拖拉才导致大家被扣分，其他几个女孩都诧异她居然能这么说！我在心底对她也多了一点赞赏。我趁机表扬了梁某的有担当和敢于承认错误。后来我还安排她做舍长，虽然宿舍后来也出现了几次纪律扣分，但已经比刚开学的两星期好太多了！教师节的时候，梁某给每个老师送了卡片，给我还送了一颗巧克力。通过一件件的事情，我发现梁某有很多的闪光点：性格率直、敢说真话、尊敬老师、有礼貌，还有点喜欢打抱不平。在班上，我时不时表扬她，同学们慢慢也没有因为她成绩差、纪律差而排斥她。第一学期末她在成绩方面进步了三百多名。第二学期，她报考了美术特长，她对我说她想考高州中学，我心里一亮："这孩子有上进心了！"叶圣陶先生说过："理想是事业之母。"对学生而言，就是要有目标、有上进心。我的经验也告诉我，只要一个孩子有上进心，他一定会做得越来越好的！所以，每次考完试，我就会和她算她的中考分数：语文多少分、数学多少分、英语多少分才能考上她理想的学校，以此来刺激他的上进心！每次算完，她都会问我："老师我行吗？"我都会毫不犹豫地拍着她肩膀说："行！"因为她英语基础特别差，所以我叫她每天做一点基础题，不明白的赶紧问我，顺便给她加油鼓劲。中考结束，她一查到分数便立刻打电话给我："老师，我做到了！我考了542分！"

从那以后，每当我带新的班级，我都会对学生说："不管你以前是怎样的，现在的你在我的心里都是一张白纸，我希望你在这张纸上画出一个最棒的你！"其实教育的本质是心灵的教育，是一棵树摇动另一棵树，一个灵魂唤醒另一个灵魂。再顽皮的学生也有可爱的一面，每一个学生都应该是一份希望。只要我们用心去关爱学生，多发现他们的闪光点、他们可爱的一面，我们一定会听到花儿尽情开放的声音！

（广东高州中学初中校区　李桂玲）

【案例反思与升华】

上面的案例触及我的心灵，对于这样的学生，我们很多班主任视而不见，有时还有放弃的念头，但每一个学生都有自己令人欣赏的一面，就如上述案例中的梁某同学，她性格率直、敢说真话、尊敬老师、有礼貌，还有点喜欢打抱不平，面对类似的学生，我们可以学会：

1. 善于挖掘学生的闪光点

人都是喜欢赞扬与嘉奖的，更何况是无知的孩子，捕捉他的优点，强化他的优点，弱化他的缺点，这样必定会对孩子产生影响，进而鼓舞孩子继续努力，积极进步。

2. 班主任学会放下

学生的违纪层出不穷，教育是无止境的。班主任面对学生的违纪要正确对待，当学生违纪了，要给机会、给平台让学生改正，让学生明白知错就改，善莫大焉。班主任对待违纪的学生如果每次都翻旧账，那么这样的教育是失败的，因为班主任本身就放不下，何以引导学生放下呢？

（广东高州中学　曹铭珍）

<h1 style="text-align:center">我爱学生的故事</h1>

【案例全景】

时光匆匆流逝，转眼间，已从教二十一年了。

多年来我担任班主任工作，我热爱我的学生，关心我的学生。只要学生稍有不适我就主动给予关怀，学生头痛、感冒、发烧，送学生去看病是平常之事。我爱我的学生，因为爱学生才能工作细，爱学生才能方法好，爱学生才能效果佳。

2012年，我班有个学生叫余某某，他父母都在外地打工，属于留守学生，我平时在生活上对他关心照顾，经常带鸡蛋和鸡汤给他。高考前十天，他突然感冒，虽然感冒是小事，但我怕他因此紧张，想在关键时刻给他减减压，就亲自带他去中医院看病，看完病后又带他去小吃店买粥给他吃，一边吃，一边给他讲笑话，吃完后还给他买了一瓶氨基酸和一盒西洋参含片，让他每天按量服用，直到高考结束。结果余某某果然不负众望，高考考出666分的好成绩，被中山大学临床医学专业录取，名列2012年高考理科高州总分第六名。

类似的关爱不止一次，2013年，我班赖同学的父母身体都不好，不能干重活，家里没什么收入来源，全靠母亲给人做保姆来维持三个孩子读书。赖同学是大女儿，她很想退学去打工供弟妹读书，我鼓励她要克服眼前的困难，目光要放长远，借钱给她交了学费。后来有一个月她交不上伙食费，要我帮她卖掉她爸爸的一部老式键盘手机，过两天我给了她三百元钱，说卖了个好价钱，而事实上那部手机还躺在我的抽屉里。我就是这样，只要学生有困难，我都会竭尽所能提供帮助，自己掏钱为学生排忧解难是常有的事。

同年，我班还有一个叫练某的女生，她父亲离家出走，母亲独自在阳江打工，三姐弟在高州读书。高考体检的第二天，练某因癫痫病复发，晕倒在教室不省人事，我把她从六楼背到校门口，叫来校车把她送到人民医院，我一直在医院陪她输液，她醒过来后，我又像母亲那样端水喂药、喊医换药、出钱拿药，一直到深夜十二点多才回家。第二天天不亮，我又买了早餐到医院和她一起吃。开始医生、护士和其他病人以为我是她的妈妈，得知是老师后说："这样的老师真好。"

我就是这样的一位老师，我把"与人为善"当作一生的做人准则，把"忠心献给事业，爱心捧给学生，安心留给家长"作为我的工作准则，这两条准则是我从教二十年来的真实写照，我为自己点赞。

（广东省名班主任曹铭珍工作室学员　高州市第二中学　杜晓秀）

【案例反思与升华】

教育需要爱心，孩子渴望关爱。杜老师以"海纳百川"的宽广胸怀，去接纳每一位学生，以一颗慈母般的爱心，滋润着每个孩子的心田。她所做的这些事情，都是一个平凡老师所做的平凡小事，她就是在这样平凡的岗位上默默坚守，无私奉献。正是因为有了一个个像她一样平凡而伟大的人民教师，用自己的双手勤奋耕耘，才共同托起了高州教育明天的太阳。从她对学生关爱的行为上，我们对爱有了更进一步的诠释。

1."爱"需要时间

师者父母心，作为教师，如果你爱学生，你就会为学生付出必要的时间，关注学生生活、学习等有关学生的一切，倘若学生某个方面出问题了，你也会及时出现在学生的身边，像杜老师那样爱生如子。

2."爱"懂方式方法

现在的学生打不得，骂不得，甚至爱不得。学生个性超强，有时你明明对他们付出了你所有的爱，关心他们，可他们就是不领情，反而会说："你的爱，我不需要。"想想，作为老师遇到这样的学生，我们能不伤心吗？答案是否定的。但从侧面反思，我们给予学生的爱，是学生需要的吗？故提醒所有的班主任老师，对学生的爱要依具体实际而定，我们要给予学生需要的爱，而不是泛滥的爱。我们在每天的工作中，不需要兴师动众，有时一个眼神、一个动作，有时哪怕是一次善意的批评，学生认可的、信任的都是爱的彰显。

（广东高州中学　曹铭珍）

让爱在教育事业中闪光

【案例全景】

成长的历程是艰辛的，成功的喜悦是甜蜜的。踏上教师这个岗位已15年了，经过这15年的锻炼，我体味到了为人师的诸多滋味，也收获了许多成长的快乐。令我感触最深的一点是：班主任要用真诚的爱去唤醒孩子沉睡的内心。

2011年，我担任了四（3）班的班主任。开学不久，我就发现班中有个多动症问题儿童杜某，他常常把科任老师弄得焦头烂额，令同学们哭笑不得。上课时，他一会儿尖声怪叫，一会儿抓耳挠腮，一会儿又莫名其妙地跑出去。课间，追逐打闹，专门挑逗同学。

面对这样一个淘气好动的孩子，刚开始的时候我马上采用了班主任德育工作中常用的"三板斧"：谈话、批评、请家长，可都不奏效，他反而更惹是生非了。我开始反思：对于这种问题儿童应该怎样教育呢？这时，多亏了学校里经验丰富的老教师给了我很多的帮助和鼓励，他们教给了我许多班级文化建设、班级管理的经验。我也阅读了许多名班主任的著作，这些让我有了许许多多的领悟，为我在教育的海洋中航行点亮了一盏明灯。我想，我应该用科学的方法去激发孩子的潜能，用真诚的爱去唤醒孩子沉睡的内心。

后来在课堂上，我经常出一些比较简单的题目让杜某回答，并允诺如果答对了便有奖，但在答题期间命令他认真听，让他在课堂上安静下来。为了释放他旺盛的精力，我让他参加学校各项活动，如跑步比赛、踢毽子比赛等。为了培养他的责任感，增强他的自制力，我让他当我的小助手，如帮我拿一本书、分发作业本等。

从教学中，我知道了他的语文基础薄弱。于是，我主动牺牲自己休息时间来辅导他，在他的语文取得一点点进步时，我在班上及时表扬他、激励他。我还鼓励他努力写作，把他写得比较好的习作推荐到校报去发表。

就这样奇迹慢慢地出现了，他变得爱学习了，也有礼貌了，每次见到我都有礼貌地说"老师好！"虽是很平凡的问候，但对我来说太珍贵了，因为我知道我的努力没有白费，他肯定了我，也开始信任我了！

经过一年的辅导教育，杜某的多动行为逐步减少，学习成绩有了较大的进步。

永远用欣赏的眼光看学生，永远用宽容的心态面对学生。作为一位人民教师，只有爱自己的学生像爱自己的孩子，尽情欣赏学生的创造，才能感受人生的幸福。前面的路还很长，我会用我的激情，用我的汗水，用我的爱心继续努力的！

（高州市第二小学　余　冰）

【案例反思与升华】

"永远用欣赏的眼光看学生，永远用宽容的心态面对学生。"不错，作为教师，尤其是班主任，每天面对的学生也许天真可爱，也许令人焦头烂额，尽管这样，我们仍以平常心对待学生，欣赏、宽容他们，教育就有价值了。

案例中提到德育工作中常用的"三板斧"：谈话、批评、请家长。这"三板斧"不是不可用，只是不是对每一位学生都管用，正如案例中的班主任用了，却不奏效。这告诉我们：

1. 谈话要讲究时机

当学生违纪了，班主任立刻与之谈话，学生不一定愿意听，而且他本来就不愿意与你谈话，而你却一厢情愿，必定事倍功半。我曾经有过这样的经历，那一次看到一个学生情绪特别低落，整天上课要么发呆，要么看课外书……课间我便立刻找他来聊天，我随性地问他："近来有何心事？我能帮助你吗？"他却说："我不需要，你也帮不了我，不是每个人每天都想谈话的……"学生三言两语就把我打发掉了，我还没来得及反应，学生已经回了教室，剩下我一个人在教室外呆若木鸡。真的，作为教育者要想学生所想，做学生所需，哪怕是谈话也要讲究时机。

2. 批评有艺术

现在的学生不明白班主任的用心良苦，在学生眼中，班主任的付出，即使是额外的加班也是应该的。所以，平时对学生的教育就要适时渗透，有时严

厉，有时宽容，做到言语有度。

3. 请家长也要巧妙

我做班主任的过程中，感觉学生最反感的就是班主任动不动就请家长，因为学生认为请家长就是打扰了家长，这个本该最亲的人，也许恰恰是学生生命中最不能承受的致命点。然而学生却不去想是谁造成要请家长的。同时，我也觉得作为班主任每件事都请家长的话也证明班主任能力有限，即便非要请家长不可，班主任也要巧妙处理，从学生的角度分类：可以征求学生的同意，让学生主动请；可以老师私下与家长沟通，不当着学生的面请；还可以协商缓冲请家长。开学了解家长的管教方式，从家长的角度分类：一类是强制性家长；一类是特殊性（夫妻关系僵、亲子冷漠、家庭贫困等）家长；一类是热情主动沟通型家长等。面对不同的家长，我们也要有对应的策略，可谓对家长因材施教。正如习近平总书记在送给高校思政课老师时所说的话：政治要强、情怀要深；思维要新、视野要广；自律要严、人格要正。总之我们要多学习，多修炼，方法灵活，教育自然水到渠成。

（广东高州中学　曹铭珍）

阳光可融化"冰山"

【案例全景】

冰山用阳光来融化，软绳才能绑住石头。

这学期初，很多同学喜欢看玄幻小说、网络小说、言情小说和一些惊悚的漫画书。课间看，上课也偷偷地看，严重影响了学习。我马上宣布禁止这些书籍进教室。之后，收缴了不少、撕毁了不少、扔了不少。但这类书籍如野草般，烧也烧不尽。学生对此作法敢怒不敢言。科任老师反映，班级的学习不在状态。

在一次英语课堂上，郑同学，一个一向乖巧的学生，一个值得信赖的班干部，在偷偷地看一本言情小说。我尽力让自己头脑冷静下来说："书我先拿走，你下晚自习再带回家。"下了晚自习，郑同学过来找我，我说："这类书籍，值得看，必须看。没有性情的人，很可怕；性取向不对的人，也不好。老师觉得你是个感情细腻的人，但现在看这些书会影响你的学习，你是有理想的人，你的成绩也不差，就是近段时间有点退步了，这些书对你有点影响吧？"她说："有点吧。"我说："这样吧，这些书你收起来，等你以后读大学了再看。这本书，你拿回家。"她说："我不要了。"我说："留在我这里就会被当作垃圾清理的，这样吧，我放在办公桌上，你什么时候想拿回去就过来拿。还有，老师希望你能够努力学习，在读书这条路上，实现自己的理想。"

后来，郑同学勤奋了很多，也再没看到她看这些课外书籍。我还冷静地处理了很多起这样的事情。班级的学习气氛回来了，学习劲头更足了。期末考试，我们班有很大的进步，进步最大的学生就是郑同学。

在教育的道路上，我思，我成长。

（高州市第四中学　周木青）

【案例反思与升华】

"冰山用阳光来融化，软绳才能绑住石头。"不错，对待学生是"协助"不是"胁迫"，是"引导"不是"压制"，不停地压迫只会积蓄反抗的力量，最终伤害的不仅是自己，还有一班可爱的精灵。所以，尽管冰山再坚，如遇阳光必将融化。班主任的教育过程何尝不是这样呢?

1. 遇事冷静

冰心说，冷静的心，在任何环境里，都能建立更深微的世界。对学生的陋习，我们班主任不能操之过急，有时风平浪静式的教育效果更为显著，学生心静，班主任心静，容易沟通，会产生心灵的共鸣，也许，一个微笑、一个温暖的问候就化解了冰山。

2. 顺应同理心

班主任与学生的沟通要懂得心理学上的同理心。作为班主任，遇到喜好看课外书籍的学生，不能强硬制止学生不能看，更不能用简单粗暴的方式没收，甚至撕毁。班主任处事的态度要有分寸，应站在学生的立场上想学生所想，保护学生的自尊心，这样班主任的做法自然得到学生的认同，一人认同，影响众人，学生之间产生同伴效应，这样的班级必定能和谐共进。

（广东高州中学　曹铭珍）

微笑能熔化一切

【案例全景】

我是一位职业技术学校的班主任，上学期10月下旬我班转来了一位叫小向的学生，初见他时我便感觉这是一个难对付的学生，也听说了一些有关于他的"英雄历史"。接下来的日子，我也感受到了他的不一般，几乎每天上课他都迟到，课上还喋喋不休地说话。为此，我每天都对他进行批评教育，却毫无效果，我感觉自己的耐心正在被他一点一点地磨灭。

这天有同学过来告状：小向拿垃圾筐打小章！我再也遏制不住心中的怒火便快步走了过去，一把将他从座位上提了起来大吼道："你到底想怎么样？全班就数你最调皮，你没听到老师的嗓子都说不出话来了吗？"我将心中的不满全都发泄了出来，而小向只是呆呆地望着我一言不发。事后我告诫班上所有的学生不要和他玩，而我自己碍于老师的威信也一直没有搭理他。

第二天晚上下自修后我去查宿舍。我刚走进宿舍就看到小向快步向我走来，我以为他又犯事了刚想开口训他，这时，小向从身后拿出了一瓶王老吉饮料递到我面前："老师，给，喝了这个嗓子就会好的！"那一刻，我感动了！心中更多的是惭愧。作为老师的我怎么能和一个孩子赌气呢？怎么能用那样粗暴的语言对待他呢！

之后的日子里我开始反思自己的行为，开始关注班上那些调皮的孩子。试着去爱他们，接纳他们身上的缺点。慢慢地我发现，这些孩子身上有许多的优点，他们聪明、机灵，管理能力特别强。更重要的是他们融入了这个班级并且表现得越来越优秀！现在的我发现和孩子们一起成长是一件幸福的事！我也努力使自己保持一颗童心。

（高州市职业技术学校　袁　莹）

【案例反思与升华】

案例最初的处理方法是失败的，是教师致命的弱点，特别是面对现在的学生，如果老师随意用粗暴的教育方法是行不通的，像这位老师所采用的处理方法是不够恰当的，幸亏当时这位学生并没有做出什么极端的行为，否则，作为教师会后悔一辈子。我们要为自己的行为深思：

1. 简单粗暴要不得

作为班主任，是学生的第二任父母，我们要真正把学生视为自己的子女，去爱护他们，关心他们的成长，用真诚的心去打动学生，我相信学生一定会明白老师的良苦用心。

2. 接纳与信任并存

尽管学生有毛病，但都不是品质恶劣，只要我们善于寻找学生的优点，用发现的眼光观察学生，与学生沟通，接纳学生，信任学生，学生也会由衷地感激你的。

3. 批评有策略

班主任是学生的导师，与学生接触最多，倘若班主任动不动就批评学生，而不懂得批评的艺术，学生会受到伤害，学生会憎恨班主任，与班主任之间也许就会产生隔阂。班主任批评学生也要捕捉时机，不宜在同伴面前批评学生，批评时不能新旧账一起算；不应在学生情绪低落时继续数落，这样容易激化学生走极端。正如陶行知所说："培养教育人和种花木一样，首先要认识花木的特点，区别不同情况给予施肥、浇水和培养教育。"

（广东高州中学　曹铭珍）

励志小素材

微笑面对人生

微笑是每个人最富有魅力的肢体语言。它代表着愉悦、善意、友好、接受等一切积极乐观的精神，它是一门极具魅力的人生哲学。雨果说："有一种东西，比我们的面貌更像我们，那便是我们的表情；还有另外一种东西，比表情更像我们，那便是我们的微笑。"

生活赋予了我们太多太多崎岖与坎坷，我们有时候甚至不知道自己的位置和在生活中所扮演的角色，我们迷惘、困惑、徘徊、孤独、无助、不知所措；这种低落的情绪很容易使我们从这个极端走向另一个极端，于是，悲剧就产生了！

我们每日生活在这钢筋混凝土构筑的灰色建筑里，早已迷失自己，只是，我们没有勇气去发现和承认罢了。其实，我们脆弱得不堪一击，因为我们缺乏面对生活的勇气，更缺乏面对自己的勇气。

其实，如果你每天醒来在镜子前面微微一笑，你就会发现我们每天早晨醒来后一切都已经是新的了，太阳是新的，空气是新的，花草是新的，树木是新的，就连每个人的面孔都是新的。卢森堡言："不管怎样的事情，都请安静地愉快吧！这是人生。我们要一样地接受人生，勇敢地、大胆地，而且永远地微笑着。"如果你学会对这一天中每一样新事物微微一笑的话，那你就会发现原来生活并不是我们所认为的那样糟糕，因为在你用微笑面对人生好与不好，坏与不坏，对与不对的时候，这一切也都在用微笑回应着你。德国威尔科克斯如是说："当生活像一首歌那样轻快流畅时，笑颜常开乃易事；而在一切事都不妙时仍能微笑的人，才活得有价值。"同学们，请微笑面对生活。

（广东高州中学　曹铭珍）

平凡的世界，不平凡的人生

今天，我想说："平凡的世界，不平凡的人生。"根据《平凡的世界》改编的电视剧开播后，路遥再次进入了人们的视野。据调查，《平凡的世界》一书依然是当代大学生的最爱。

20岁时，路遥有过一个念头，这一生如果要写一本让自己感动、规模很大的书，或者干一件一生中最重要的事，那一定是在40岁之前。1982年，路遥平静而紧张地开始了小说创作的准备工作。他首先列了一个近百部小说的阅读书目，之后，开始准备作品的背景材料，他找来近十年的各种新闻报刊，仔细研读。这项工作结束后，他又开始体验生活，提着一个装满书籍资料的大箱子，在陕北各地奔波，甚至深入煤矿，做了一回矿工。直到1985年秋天，前期工作全部完成。

路遥列了一张表格贴在墙上，写着1到53的数字，第一部共53章，每写完一章，就划掉一个数字，每划掉一个数学，就证明前进了一步，他极力克制着不让自己遥望"53"这个数字，只要求自己扎实地迈出当天的一步。当《平凡的世界》初稿完成时，他默默地流下了眼泪。

人有时要对自己残酷一点，既然选择了远方，便只顾风雨兼程，既然选择了一条艰难的道路，就得舍弃人世间的许多美好，只有保持初恋般的热情和坚强的意志，才有可能成就某项事业，我们始终要相信，在这平凡的世界里，我们可以拥有不平凡的人生。

（广东高州中学　曹铭珍）

人生"三得"

"学习时沉得住气，成功后弯得下腰，失败时抬得起头。"这是易中天教授的人生"三得"。事实上，这样的"三得"是每个人必备的素质，同时也是为人处世的准则。

学习时沉得住气。我认为我们学生学习时应远离浮躁，静下心来，专心致志，全身心地投入其中。如若我们抱着浮躁的心态去学习的话，是很难真正做到投入，效果自然事倍功半。也就是说，当别人花费一定的时间在做一件事时，我们也要花费相同的时间，并且在这基础上还要再多花一些时间把这件事做到最好。毛泽东就是这样，他从小就拿着书本到人来人往的闹市上并专注地看。刚开始的时候，他什么也看不进去。坚持了几天后，他渐渐把闹市中的喧嚣给遗忘，竟深深地沉浸在书的世界里，这使他后来能够比别人更快地专注在某一件事情上。因此我们学习要沉得住气。

成功后弯得下腰。当我们取得成功之后，有成就感是正常的，但需要注意的是，我们不应该把它看得过于重要，要以平常心去看待，否则我们很可能会因为这个小小的成功而在原地踏步，停滞不前。居里夫人经过几年的努力研制出镭后，记者们问她对自己这一伟大贡献有何感想时，她宠辱不惊地答道："我并不认为自己有多么伟大，这只是我力所能及的事罢了，我只是尽力不把自己的成功放在心上，而是努力地做好每一件事，去实现人生的价值。"因此，当我们成功之后应学会弯得下腰，继续努力，勇往直前。

失败时抬得起头。即使是面临失败，也要以无畏的勇气昂首挺胸，目视远方，用阳光积极的态度战胜困难。记得有一句话是这么说的："失败并不可怕，可怕的是再也没有勇气站起来。"是啊，人生不可能永远都是一帆风顺的，通往理想的道路上总有许多"拦路虎"。难道我们能因为一点点挫折就放弃吗？能因为眼前过不去的一道坎就屈服吗？能因为一次失败就不敢尝试了吗？不能。因为不经风雨，怎能见彩虹？要知道成功也是一次次失败后才造就出来的。所以，当我们失败时，请抬起头来勇敢面对。

青春是有限的，梦想却是无限的。让我们把握这人生"三得"，勇敢地去迎接明天的挑战！

绽 放

（广东高州中学　曹铭珍）

正确面对挫折　勇敢面对人生

近段时间，很多同学来找我聊天，归纳起来聊得比较多的话题是情感的失控与处理：如中段试过后，自己努力了，成绩却不尽如人意；朋友原本很友好，但因某事闹翻了，不会处理；还有因自己的爱好，得不到家长的同意，与家长闹别扭了；等等。而这些，其实都是我们生活中的小插曲、小故事，也算是小挫折吧。

"不经历风雨，怎么见彩虹！"这句话时刻在耳边响起。生活没有平坦的大道可以走，人生不会一帆风顺。在旅途中，我们常常会被荆棘阻碍前进的步伐，这就是挫折！走过挫折、经历磨难，这样的人生才算完整的人生。

挫折是摧毁人前进的利剑，它有时让人失去自信，有时会使人迷失方向，但是它在使人经受考验的同时又催人奋进。有人面对挫折，会咬牙挺过去，将挫折化作挑战下一次困难的动力，走过挫折后，他们的人生才变得更加绚丽多姿。

这位总统我们忘不了：他出生在一个伐木工人的家庭，家中一贫如洗，迫于生计，他先后干过店员、村邮递员、测量员和劈栅栏木条工人等工作。他终其一生都在面对挫折，选局长，落选；选州长，落选；选参议员，落选；提名副总统，落选；期间八次竞选八次落败，两次经商都失败，甚至精神崩溃到了极点。但一次次经受挫折，一次次失败，一次次他都能从头再来……他始终没有放弃，也正因为他不放弃，经历了人生中一个又一个的挫折，才成就了美国历史上最伟大的总统，他就是林肯。

我们学习的语文必修课本中这样的受挫的文人作家更是不胜枚举：

李白仕途受挫时，他没有丝毫退缩，写诗："安能摧眉折腰事权贵，使我不得开心颜"，他遍访名山，正是由于他勇敢地面对现实，笑对痛苦，经过挫折，终于成就了这位浪漫主义诗人！

苏轼也因仕途失意而落魄，多次遭贬，一生沉沦，但他没有因此而消沉。面对挫折，他没有怨天尤人，更没有放大自己的痛苦，而是用文字宣泄情感

"惟江上之清风，与山间之明月……吾与子所共适也"，也有"回首向来萧瑟处，归去，也无风雨也无晴"的阔大胸襟，更有"人有悲欢离合，月有阴晴圆缺"的哲思……正因为走过人生中一个又一个挫折，才成就了一代文豪！

童话作家安徒生在处女作问世时，有人知道他是一个鞋匠的儿子，当即攻击他的作品"不懂文法""不懂修辞""别字连篇"，但他毫不气馁，笔耕不辍，终于成名。

英国著名诗人拜伦，19岁时的作品《闲散的时光》出版后，当即有人把他骂得"狗血淋头"，说他"把感情抒发在一片死气沉沉的沼泽上"。然而拜伦并未退却，而是以更为优秀的诗作来回敬那个诽谤者。

还有那些热爱生命的人士：

海伦·凯勒从小失明，长久的黑暗没有使她丧失对生活中光明的向往。在黑暗中，她积极播下生命光明的种子，她最终用残缺的躯体散发了最健康的生命光泽。

史铁生的顽强在《我与地坛》中再现，他在青春年华遭遇疾病，在最青春的年龄失去了双腿，残废的身躯却不能让他的精神倒下，他体验的是疾病困苦、生活的苦难，回报的是顽强坚韧、生命的高贵。

这些成功者身上都有一个共同的特征，那就是勇于战胜挫折，并把挫折化作动力，化痛苦为勇气，热爱生命，才成就了他们辉煌的人生。

朋友，挫折之于生命正如影子和人。没有礁石，哪会激起美丽的浪花？泰戈尔说："世界以痛吻我，我却回报以歌。"我们每个人都会面临挫折，不要怕；每次挫折都会过去，不要逃避；每次挫折都有转折点，不要颓废；每次挫折都会对人产生影响，不要绝望。请同学们都能视挫折为磨砺，用乐观开朗的心态去面对它，不害怕，不逃避，从中受益，永不绝望。有挫折，有困难，可以自我调节，可到心理咨询室倾诉，可找老师、同学倾诉，他们愿意与你共进退，迎接挫折。只要我们笑对失败，走过挫折，我们的人生就会更加绚丽多彩。

（广东高州中学 曹铭珍 林俊余）

每一朵鲜花都装着果实一样的梦

生活的成功法则告诉我们：要想成为花朵，必须迈着果实的步子；要想成为蜜蜂，必须心里酿着白砂糖一样的赤诚。我们永远都不要忘记把成功的目标定得远一些，再远一些，因为每一朵鲜花都装着果实一样的梦！

位于日本东京的浅草雷门观音庙拥有1200多年的历史，是许多朝圣者做梦都向往的圣地。然而，通往观音庙的路对于每一个苦行的朝圣者来说，却十分坎坷，隔着环绕的群山不说，路况也不怎么好，许多苦行的朝圣者都半途而返，但是，有一个叫佐木的朝圣者却推着板车远赴，走了1000余里到达了观音庙。很多人都想知道，是何种力量支撑他远隔重山来到观音庙的呢？佐木的回答是这样的："因为我心中装着富士山，富士山比观音庙要远一些，心中装着更远的目标，那么距离近的目标就会越来越近了。"

这话听起来有些拗口，却道出了一位朝圣者的智慧。其实，在生命的旅程中，我们又有哪个人不是一个梦想的朝圣者呢？赴一条山环水绕的路，我们不光要有的蜗牛的执着，慢慢地，每向前一步，就能离目标更近一些，我们还要有猎豹一样的激情，迈开步子，一路飞奔，把平庸的路标踩在脚下。生命是一条激情涌动的电流，我们能做的就是要多"1℃"热爱，多一份成竹在胸的自信，多一些游刃有余的洒脱！

如果把生命看作一条跑道，我们要在预赛的时候就把冲刺线挪得远一些，为成功多训练一份耐力；如果把青春看作一场演出，我们要在彩排的时候就抱着现场直播的心态来尽力呈现自己，为成功多练就一些尽善尽美的精彩。

我们要持之以恒地为鲜花浇水、施肥，让它们永远盛放，我相信它们终将会结出丰硕的果实！

（广东高州中学　曹铭珍）

没有梦想　何必远方

曾经有人问三个砌砖的工人："你们在做什么？"第一个工人说："砌砖。"第二个工人说："赚工资。"第三个工人说："建造世界上最富有特色的房子。"后来第三个人成了有名的建筑师。

这个故事让人深思。为什么成为有名建筑师的不是第一、第二个砌砖的工人，而是第三个呢？我想起了高尔基的一句名言："一个人的追求目标越高，他的才能发展得越快，对社会越有益，我确信这是一个真理。"

第三个工人道出了他的远大抱负，而第一个工人几乎没有什么理想，第二个工人的理想是庸俗的，他们的思想束缚了他们才能的发展，自然难有作为。

生活不能没有目的，人生不能没有方向，志向是极可贵的精神力量。一个想有所成就的年轻人，必须狠下心来，为自己立下一个能激发自己动力的远大志向。有了它，才不会浑浑噩噩地混日子。

人生如黑夜行船，志向就是前进中最亮的航标灯，有了它，你才会乘风破浪地前进，而不至于被狂风巨浪所吞没；人生如攀登险峰，志向则是险峰上的顶峰，有了它在顶峰闪光，你才不会留恋半山腰的奇花异草而停止攀登的步伐。"直挂云帆济沧海"的雄壮当属志在四方的人，"一览众山小"的豪迈当属志在高远的人。如同在荆棘丛生的野外跋涉，每走一步都是那样艰难，胸无大志者会退缩，而心存大志者却会义无反顾地大步向前，明知前方荆棘遍地，明知前方野兽出没，他仍充满希望，勇敢地驾起生命之舟。

在人类的历史长河中，许多成功者的收获都源于他们的远大志向。那么作为高中生的我们，是否也要为自己确立一个目标，一个奋斗的方向，不要再让自己在迷惘中混日子。

最后，我想说："机会永远留给有准备的人，而成功也永远属于有准备的人。"

（广东高州中学　曹铭珍）

不忘初心 方得始终

同学们，不知道大家有没有看过《小王子》这本书，它讲述的是小王子离开他居住的星球——B612星球，四处游历的故事。

通过这个故事，作者带着我们感受生活的美好，接触生活的本质，而不是像小王子看到的那些"大人"一样，为权势、虚荣、职务、学问之类的表面的东西忙忙碌碌。那个自以为很有权威，其实却成了对权威追求的牺牲品的国王；那个要求别人向他不断脱帽和鼓掌的人等，他们都有一个共同的特点，就是把真正美好的东西丢失了。

小王子说："使沙漠如此美丽的，是它在某处藏着的一眼泉水。"这句话可以理解为：使生活如此美丽的，是我们藏起的真诚与初心。希望往后大家都能坚持自己最初的梦想，砥砺前行。

一个简单而短浅的故事，但其中呈现的道理深刻，生活在当今，特别是精力充沛的青年一代不应贪图一时的享乐，我们应感受社会的美好，努力奋进，不忘初心，方得始终。

不忘初心

（广东高州中学 曹铭珍）

梦想的天空分外蓝

梦想可比天高地厚，但要努力拼搏奋斗。现实是寒门再难出贵子，士族辈辈有人才，相信在座的很多人都不是什么达官贵人之后，所以现在再不努力，将来别说成贵子了，银子也赚不了几两。

谁不想生得灵，长得乖，骑马坐轿有人抬。十指伸出有长短，树木琅琳有高低，我们对自己得有定位。

但你得尝试，就算比不过，我们也得拼一把，同样生而为人，同样两个肩膀扛一个脑袋，我们不要奋斗吗？我们不要梦想吗？世界这么大，我们得去转转。

所以说，我们更要奋斗，要吃苦。不怕苦的人苦一阵子，怕苦的人苦一辈子。这个世界我们没有靠山，我们自己就是靠山；我们没有天下，我们自己闯天下；我们没有资本，我们自己赚资本。你弱了，困难就强了；你强了，阻碍就弱了。生活，就要逢山开道，遇水搭桥。生活，它给我们压力，我们还它奇迹。请相信梦想的天空分外蓝。

（广东高州中学 曹铭珍）

新学期，我们都是追梦人

岁月不居，时光如流，从2018年到2019年，时间印刻下奋斗者永不停歇的脚步！"我们都在努力奔跑，我们都是追梦人"。在2019年的新年贺词中，习近平总书记深情地回望了2018年的追梦之旅，热情礼赞每一位追梦者的艰苦奋斗，同样，他寄语亿万人民，应满怀信心，勇敢踏上追寻梦想的新征程。亲切的话语、殷切的期望、郑重的嘱托，激励着每一个人发扬追梦精神，继续在奔跑中拥抱梦想，成就梦想。

同学们，心怀梦想，奋力追梦，才能体悟奋斗的价值。"少年兴则国兴，少年强则国强。"目标、计划、奋战，这三者是追梦人成就梦想的必由之路。今天，我们齐聚这里，每一位同学都可以问问自己，在新的学期里："我的梦想是什么？""我的当下目标是什么？""我的计划拟定好了吗？""我做好了为此奋战的准备了吗？"俗话说，"凡事预则立"，从现在开始，我们要做有目标的人，让一个又一个小目标搭建起宏伟的梦想殿堂。

翻开历史的画卷，凡成就大事业、大学问的人，都是"衣带渐宽终不悔，为伊消得人憔悴"的追梦人、奋斗者。正是因为有了他们，我们才能将泱泱中华之璀璨文明用文字记录下来；正是因为有了他们，我们的祖先才能从奴役的绳索中挣脱，我们才能享受这自由的阳光；正是因为有了他们，我们才有了四大新发明的骄傲自豪。我反复地说这些，是想和你们分享一个想法，《孙子兵法》中说："求其上，得其中；求其中，得其下。"所以作为广高人，我们的梦想可以更远大，我们不仅仅是追求美好生活、光宗耀祖，更应追求治国平天下、为实现中华民族伟大复兴做出贡献，如我校杰出校友丁颖、廖盖隆、林励儒、丁衍庸等专家学者，都在各自的领域为国家做出了极大贡献。这样一来，"双一流""985""211"，就应当成为我们高中阶段的坚定追求。梦想之光就应照亮你每一天的学习生活。

为此，你们做好了吗？高一的同学，经过一个学期的学习，你完全掌握了高中各学科学习的要求和方法了吗？高二的同学，"术业有专攻"，对于必考学科，你真正做到了抓住学科特点、深入研究学习了吗？毕业班的同学，冲刺在即，需要记忆的知识，理解的方法原理，你记住了吗？刷的题够多了吗？高效了吗？

怀有梦想，争分夺秒、专心致志。放下手机，抬头听课，文明交往，莫尝禁果。

以梦为马不负韶华，奋斗的青春最美丽。

山再高，往上攀，总能登顶；路再长，走下去，定能到达终点！

我们是追梦人

（广东高州中学　李文聪）

朋 友

　　什么是朋友？谁是你最好的朋友？你了解他（她）吗？于千万人之中，你遇见了你从未见过的人，他（她）也许就是你的朋友。人生短短几十年，不要给自己留下什么遗憾才好。想笑的时候笑，想哭的时候哭，把不尽如人意、不顺心的事一次性、干干净净地发泄出来，难过、伤心全都只是过程，唯有快乐才是终点。如果朋友让你生气，只能说明你还在意你们之间的感情，那为何不把心放宽点呢？

　　那什么是益友，什么是损友呢？我认为，益友是在你困难时，给你帮助，而损友是你在为他两肋插刀时，却反插你两刀。如今我们已是高中生，许多人都因为学业上的压力与家人的期望而感到压力山大，苦苦挣扎。如果这时有个人肯拉你一把，投以理解的目光，那么这人就是益友。但也有些人，当我们设身处地为他们着想时，他们却背叛了你，那么这人就是损友。他们比我们更可怜，所以，请原谅你曾经恨过的那些人！

　　生活中，不断有人出现或离开，正如我也即将离开这个舞台，这个小小的讲台。所以，看见的，消失了；记住的，遗忘了，不断地拥有与失去。然而，消失了等于不存在吗？我们是不是也应该记住该记住的，遗忘该遗忘的呢？能冲刷一切的只有时间，同学，只有几年，而朋友却可拥有一辈子！请珍惜朋友的情谊！

　　　　　　　　　　　　　　　　　　（广东高州中学　曹铭珍）

学会善待

因为有缘，所以我们相遇了。

善待我们身边的一草一木。草木也是有灵性的，如果我们好好地对待它们，它们便会越长越旺盛，绿油油的一片，给人一种舒适的感觉。你别小看它们那微小的身躯，总有一天它们会遍布天涯海角，长成参天大树。那么我们的地球村将会愈发美丽。

善待我们身边的朋友，那么友谊的小船便不会说翻就翻。朋友给予人的力量是多么的强大。我们在生活中相互鼓励，在学习上并肩作战，在社会上相互照应，因为友谊是坚不可摧的。如果我们有一个或者几个朋友，那就不要轻易地失去他们。

善待我们的父母，父母含辛茹苦地养育我们。他们细心地呵护我们成长，而我们也见证了他们的衰老。一天一天地，他们习惯了唠叨，面对他们的唠叨，我们不该感到烦躁，而该感到庆幸，庆幸至少还有人在我们耳边唠叨。

学会善待该善待的事情，一切都会变得更加美好。

（广东高州中学　曹铭珍）

珍 惜

何为珍惜？字典说：珍惜应该是及时地诠释，及时做事，及时表达爱意，及时感恩，及时享受生活。珍惜幸福，学会知足，远离后悔和贪婪，在某事物消逝之前用心去保护。一个人所珍惜的必是他认为最美好的，即使是曾经的珍惜，那也是他的曾经中最美好的。约翰·洛克说：抛弃今天的人，不会有明天；而昨天，不过是行云流水。现实中如何体现？先跟大家分享一个故事。

有一对兄弟，他们的家住在80层楼上。有一天，他们旅行回家，发现大楼停电了！虽然他们背着大包的行李，但看来没有别的选择，于是他们决定爬楼梯上去！于是他们背着两大包行李开始爬楼梯。爬到20楼的时候他们开始累了，哥哥说："包包太重了，不如这样吧，我们把包包放在这里，等来电后坐电梯来拿。"于是他们把行李放在20楼，轻松多了，继续向上爬。他们有说有笑地往上爬，但是好景不长，到了40楼，两人实在累了，想到只是爬了一半，两人开始埋怨，指责对方不注意大楼的停电公告，才会落得如此下场。他们边吵边爬，爬到了60楼。到了60楼，他们累得连吵架的力气也没了。弟弟对哥哥说："我们不要吵了，继续爬完吧！"于是他们默默地继续爬楼，终于80楼到了。兴奋地来到家门前的兄弟俩才发现他们的钥匙留在了20楼的包包里了……

有人说，这个故事其实就是反映了人的一生：20岁之后，离开了众人的压力，卸下了包袱，开始全力以赴地追求自己的梦想，就这样愉快地过了20年。可是到了40岁，发现青春已逝，不免产生遗憾和追悔，于是开始遗憾这个，惋惜那个，就这样在抱怨中度过了20年。到了60岁，发现人生所剩的日子不多了！于是默默走完了余年。到了生命的尽头，才想起自己好像有什么事情没有完成……

所以为了让自己的人生不留遗憾，请珍惜现在吧！珍惜自己身边的朋友和家人，珍惜每一分每一秒，珍惜自己的人生！

（广东高州中学　曹铭珍）

惜 缘

惜缘，意思是要珍惜缘分。转眼间，在我们共同营造的这个班集体里，我们不分彼此，虽然你是学生，我是老师，但只是讲台上的区分，现在我们相遇、相识、相知且相处已有半个学期。可见，缘分之可贵。

三个月的时间，说长不长，说短亦不短。不管我们现在是否有感情，但请相信，日久见真情；也不管我们是否真的能见到真情，但是将近一年的抬头不见低头见，这个缘分都不知道是多少个回眸、多少次擦肩、多少回同船渡才换得的。因此，不管是恩还是怨，我们都该好好珍惜，珍惜这来之不易的缘，毕竟缘分难得。

世上很多事可以求，唯缘分难求。茫茫人海，浮华世界，多少人能真正寻觅到自己最完美的归属，又有多少人在擦肩而过中错失了最好的机缘，或者又有多少人有正确的选择却站在了错误的时间和地点，有时缘分去留只在人一念之间。

要学会惜缘，学会好好去爱，做不到"老吾老以及人之老，幼吾幼以及人之幼""推己及人"的大爱，就学会小爱吧！好好爱自己，不要伤害别人，善待自己，微笑对人。莫让有一天，你想说"后悔"已来不及。

学会感恩缘分，感谢时光，感谢身边人，特别是抚育你成长的父母，给予你帮助的伙伴，对你谆谆教导的我们。相遇本就是缘分。

感激每一点缘，用小爱去珍惜点点滴滴。终有一天，命运会给予你丰厚的馈赠。

（广东高州中学　曹铭珍）

尊　重

大家好，相信经过上周的月考，大家现在的心情都很特别吧。元旦即将来临，又可以放假回家了，还是想想元旦怎么过吧……大半个学期过去了，大考也考了三次，你们已经想好选什么科了吗？这可是关乎人生的大事，要深思熟虑！下学期就要分班了，你们是否会舍不得现在的同学？可能，有些人你连名字都不会记得，再次见面就如同路人一般，像从未认识过；也可能，走在校道上，迎面走来一个仍记得你的同学跟你打招呼时，闪过你脑子的第一句话却是："他是谁？为什么要跟我打招呼……"虽然只有短短一个学期的时间让我们相知相识，但如果我们不心存尊重，我们是不会记住彼此的，所以请各位从尊重彼此开始。

从小，家长、老师都在教育我们要尊重他人。生活中，我们曾听到这样一句话："想要赢得他人的尊重，就得先尊重他人。"我们在说话的时候，有没有想过别人会因为自己的一句话而伤心很久，这也是不尊重人的表现，如果你经常这样做，屡教不改的话，那么有一句谚语想要送给你："批评别人走路慢之前，先穿上对方的草鞋走一里路试试。"

我们不仅在说话上要做到尊重，在为人处事中更要做到尊重。在这个世界上，总会有你不喜欢的人，即使你再不喜欢他，你也要做到尊重他。因为这个世界不仅有你不喜欢的人，也有不喜欢你的人，如果碰巧你不喜欢的人也讨厌你，你尊重他，我想，他也不会做出一些不尊重你的行为或是说出一些不尊重你的话吧……

在尊重他人之前，首先得做到尊重自己，如果连尊重自己都没做好，你如何能做到尊重他人呢？

最后，送大家一句话，弗洛姆曾说："尊重生命尊重他人也尊重自己的生命，是生命进程中的伴随物，也是心理健康的一个条件。"

（广东高州中学　曹铭珍　周　静）

最佳损友

你们是如何定义"最佳损友"的？或许有人觉得它就是一个"坑"，我却有着不同的感受。

曾经我无意中问过学生一个问题："高中如何对待交友问题？"他的回答是："随缘吧！合则来，不合就不必勉强！"我再追问："那你究竟有多少朋友？"他说："我真正意义上的朋友仅有五个吧，其中有一个是我被他征服的。一开始我根本没留意过他。不知为何，我却和他建立起朋友关系，他确实是一个'大坑'，符合损友的某些特征——死缠烂打，拼命地坑我的同时又会帮我，不过，我还是比较喜欢他。"我对学生的这些感触体会很深。

最近，我看到一幅漫画，上面画着两个喝醉的人，还写着一句"是谁在你难过的时候，一边骂你，却一边陪你喝醉酒？"这答案无疑就是"最佳损友"。说实话，我在朋友之间扮演的角色是非常毒舌的"损友"。曾经我的一个朋友因此生了我一个星期的气，他问我："你为什么总是贬我，总是说我的不是？"有人肯定会说这就是你不对了，你伤害了人家的自尊，我不得不承认我有不对，但是我认为朋友之间就应该释放自己的本性，而不像古代宫斗那样明争暗斗，互相损损不但能增添乐趣，而且出发点都是为了巩固友谊。就像你的父母骂你、打你一样，虽然你觉得很不开心，但他们都是为了你好，你总不会永远计较吧？况且，朋友间的很多东西需要相互包容。我发现，人的主观意识过于强烈会误解很多事情。比如，一位好朋友一不小心触碰了你的底线，而你过于介怀，被你无故打入"冷宫"，判了"死罪"。这样是很悲剧的，你忽略了"损友"的本性——任性、随和。不过，沟通或许是较好的方法。

在我看来，"最佳损友"是一种挺不错的朋友关系，它能达到普通朋友之间所达不到的高度，那种感觉是有趣的，比较和谐的，局限性大概是没有履行道德义务罢了。同学们，请珍惜你的"最佳损友"。

（广东高州中学　曹铭珍）

自 信

自信满满

首先，我要给大家分享一句话："我宁愿选择骄傲也不选择自卑，因为骄傲需要资本，资本需要累积，积累需要汗水，而自卑却什么也不需要。"这句话是我在看乔松楼将军在复旦大学演讲视频时偶然间听到的。

爱因斯坦的相对论发表之后，有人曾炮制了一本《百人驳相论》，网罗了一批所谓名流对这一理论进行了声势浩大的挞伐，可是，爱因斯坦自信自己的理念必然胜利，对挞伐不屑一顾。他说："假如我的理念是错的，一个人反驳就够了，一百个零加起来还是零。"他坚定了必胜的信念，坚持研究，终于使相对论成为20世纪的伟大理论，为世人所瞩目。

同学们，或许我们无法像爱因斯坦一样成为为社会做出极大贡献的人，但我们应该像他一样自信地面对一切、面对困难、面对挫折。

同学们，高中三年，必定是一段峥嵘的岁月。希望从今天开始，从现在开始，我们都可以把汗水的积累转化为骄傲、自信的资本，以舍我其谁的雄心壮志面对每一次的考验，让我们的高中生活成为人生光彩绚丽的记忆。

（广东高州中学　曹铭珍）

意 志

　　成功者的队伍里，很多人并不见得聪明，失败者的队伍里，很多人并不见得愚笨。其实，有两样东西比聪明的脑袋更重要，那就是心灵和意志。一个人的贫穷，很大程度上是心灵的贫穷，一个人的成功，很大程度上是意志的成功。

　　对于一个刚出生的孩子来说，将来的一切都是未知数，没有谁知道也不可能知道他将来会成为什么样的人。然而，随着时间的推移，环境的变化，学习的艰难，世道的艰辛，人情的冷暖，人们的心灵和意志就会慢慢地发生改变，这样的改变将会导致人与人之间的差距。于是，有些人成功，有些人失败，有些人出色，有些人平庸，有些人幸福，有些人痛苦。你想在这个激烈竞争的社会成为一个很成功、很出色、很幸福的人，关键在于你有没有一颗坚定的心！有没有一种不管是主观因素还是客观因素都打不垮的意志！

　　人活在世上，谁不希望能有作为于社会，回报于家庭，慰藉于自己的家人呢？

　　所以我们每天都应该想一想，你的每一步都留下了什么脚印？你有没有努力过？你有没有成功过？你做过哪几件事最让你感到骄傲和自豪？你小时候那些美好的梦想现在还剩下多少？你对自己还有多少信心？你对将来还抱有多大的希望？每一天都在充实，都在进步中度过吗？在做人、读书和做事上，你都尽力了吗？你的父母能为你感到骄傲吗？你是否能理直气壮地说："爸爸妈妈，你的儿子很用功！（你的女儿很优秀！）你的儿子不会让你们失望！（你的女儿一定会让你们幸福！）"

　　一时的感动容易做到，把激情留住几天也不难，但是，你要把感动和激情植入你的心田，刻进你的骨头，化成你一生向上的信念，变成你永远源源不断追求成功的动力却绝非易事！

　　让我们把握生命中的每一分钟、每一次感动，全力以赴我们心中的梦！在不久的将来，在一个都让我们感到骄傲、感到自豪的地方相逢！

（广东高州中学　曹铭珍）

努 力

努力，这个词大家都认识，但你真的了解了吗？

现在，先和大家分享我在网上看到的一段话："想来想去，还是努力工作挣钱最靠谱，不然心情不好时只能买两瓶啤酒、一袋鸭爪坐在路边嗷嗷儿地哭。努力工作挣钱的话，就能躺在幽美的温泉中敷上面膜止住眼泪。"

听了这段话，同学们，你有怎样的思考？当我看完后，我感慨万千，幸亏我曾经努力了，我曾经努力学习，我现在努力工作，我不后悔，就算偶遇不幸，我也会有酒喝了。

同学们，我建议各位，现在的我们努力学习最靠谱，只有努力学习，以后的道路才会平坦一点、宽敞一点，生活舒适一点。如果不认真不努力，也许以后会为了维持生计而整日奔波操劳。努力和后悔哪一个更痛苦，大家都有所选择。天底下没有免费的午餐、一劳永逸，唯有付出才有收获，也许你开始并没有看到成果，但你不付出便一定不会有所收获。我曾和朋友抱怨过学习很苦、很累，她说："我们这个年纪不学习能干什么。"正所谓"石可破也，而不可夺坚；丹可磨也，而不可夺赤。"所以努力一点，踏实一点，耐心一点，你想要的都会接踵而来。

努力迎接朝阳

（广东高州中学　曹铭珍）

165

谦 虚

　　谦虚，自古以来就不缺这个热门话题，"骄傲使人退步，谦虚使人进步"。我国著名作家老舍也说过，谦虚是一种高尚的品质，但过度就真的"虚"了。那谦虚如何衡量？

　　一个人美好的品质常彰显于外，体现于内。而我觉得表现是给人看的，自己内心所得才是最重要的，即把谦虚留给自己比送给他人更有现实意义。所以，平常一个"谦"字可以代表"谦虚"，而一个"虚"字则大相径庭。

绽放娇艳

　　而我们所在的班集体不就是一个活生生的例子吗？开学初选班干部时，没有一个人出声的，似乎怕会被全班嘲笑，怕枪打出头鸟。有人说这是"谦虚"，而在我看来，这是一种虚伪的谦虚，在强派完人后，又在背后说班干部不行，很差劲，还不如自己好。那你当初为什么不参选班干部而要在这里说闲话，是你拴住了"谦"还是"虚"牵住了你！

　　我们作为新一代的青少年，就应尽力表现自己，这样别人才会在"鸡群"中发现你，这叫鹤立鸡群。过度的谦虚不会让你蒸蒸日上，而会让你逐渐不知情地消亡。只有拉开"虚"的帷幕，才能看到"谦"的精彩！愿我们都能展现自己最好的一面给他人，成为谦虚的真正代言人。

（广东高州中学　曹铭珍）

166

压 力

压力，顾名思义就是压和力的结合体。每一个人无论何时何地都会有一定的压力，有来自学习自身的压力，有来自家长无形的压力，有来自同学间竞争的压力，还有来自社会迅猛发展的压力，等等，只是每个人缓解压力的方法有所不同而已。

其实，"压力"可以分为"压"和"力"两部分。"压"指压迫，强压；"力"指动力，力量。我们要学会将"压"转化为"力"，才能向前迈进。

释压、减压的方法有很多，如听音乐、吃零食、开怀大笑、出门旅游、放慢生活节奏等，我们要学会适度转移

钻出水面

压力和释放压力或者分散压力，而我本人喜欢与绿植相伴，与鸟兽寻欢，漫步校园。

有人说："在压力面前，不要做一个懦弱者，应对压力，要学习并领悟坦然应对，压力让人生更精彩。"也有人说："在科学上没有平坦的大道，只有不畏劳苦沿着陡峭山路攀登的人，才有希望到达光辉的顶点。"我说："只有真正懂得如何给自己释放压力的人才是真正的能人。"

（广东高州中学　曹铭珍）

坚持（一）

胜利贵在坚持，要取得胜利就要坚持不懈地努力，饱尝了许多次的失败之后才可能成功，即所谓的失败乃成功之母，成功是胜利的标志，所以也可以这样说，坚持就是胜利。古往今来，许许多多的名人不都是依靠坚持而取得胜利的吗？

含苞待放

《史记》的作者司马迁，在遭受了腐刑之后，发愤继续撰写《史记》，并且最终完成了这部光辉的著作。他靠的是什么？还不是靠坚持，如果他在遭受腐刑之后就对自己失去信心，不坚持写《史记》，那么我们现在就看不到这本著作了，就吸收不了他的思想精华。所以他的成功，他的胜利，最主要的还是靠坚持。

外国名人杰克·伦敦，他的成功也是建立在坚持之上的，他坚持把好的字句抄在纸片上，有的插在本子里，有的放在衣袋里，以便随时背诵。最终他成功了，他成了一代名人，然而他付出的代价也比其他人多十几倍，甚至几十倍，同样，坚持也是他成功的保障。

在我们现在的学习中，一定要学会坚持，只有坚持不懈才能取得成功，所以说，坚持就是胜利。

（广东高州中学　曹铭珍）

坚持（二）

坚是意志坚强，坚韧不拔；持即持久，有耐性。

坚持是人们难能可贵的品质。松下幸之助在公司濒临倒闭的境地时仍然坚持，最后他成功了，在家电市场叱咤风云；马云在建立电商平台初期，许多人认为这根本不可能，认为马云就是一个疯子，最后他成功了；贝佐夫经营的亚马逊多年来一直亏损，但他坚持，最后转亏为盈，他也跃居富豪榜的前列。还有许许多多的例子，都说明了成功离不开坚持。

同学们，体育考试中要不要坚持？我记得张同学曾经说过他的故事，说在体育加试中，心情很紧张，以至于一开始就跟着前面的同学拼命地跑，结果刚跑完一圈体力就感觉跟不上了，双腿发麻，喉咙像火烧一样，感觉浑身都没劲，但他想虽然累，也应该跑完，如果放弃就什么都没了，于是他拼命地坚持着，他努力地不停地迈动双脚，尽全力地跑着，但双脚已经感觉不到是自己的了，想加速也加不了，拼了命也只能是保持着原本的速度。他就在不断的坚持中不知不觉地跑过了终点，原本以为这次跑得很差，却没想到成绩创了新高，3分14秒，刷新了他以前所有的纪录。最后，他会心一笑，为坚持竖起了大拇指。

所以说，成功需要坚持，坚持才能成功。我们也要学会坚持，坚持努力，坚持理想，坚持信仰。正如有人说："如果在胜利前却步，往往只会拥抱失败；如果在困难时坚持，常常会获得新的成功。"

（广东高州中学　曹铭珍）

鼓 励

鼓励，是指激发，勉励。

曾经，1968年，有两位美国心理学家来到一所小学，他们从一至六年级中各选了3个班，在学生中进行了一次"发展测验"。然后，他们以赞美的口吻将有优异发展可能的学生名单通知有关老师。8个月后，他们又来到这所学校进行复试，结果名单上的学生成绩有了显著的进步。而且情感、性格更为开朗，求知欲望强，敢于发表意见，与教师关系也特别融洽。实际上，这是心理学家进行的一次期望的心理实验，他们提供的名单也是随机抽取的。他们通过"权威性的谎言"暗示教师，坚定教师对名单上学生的信心，虽然教师始终把这些名单藏在内心深处，但掩饰不住的热情仍然通过眼神、笑貌滋润着这些学生的心田。学生潜移默化地受到影响，因此他们变得更加自信，更加勤奋，因为激流在他们血管中荡漾，于是他们在行动上就不知不觉地更加努力学习，结果就有了飞速的努力。

当一个人获得另一个人的赞美与信任时，他就获得了巨大的鼓舞与支持，从而增强了自身的力量，并尽可能达到对方希望自己达到的状态，因为这样就可以避免对方失望，也可以把自己的优点发挥得淋漓尽致。

所以，在别人快要坚持不住时，我们应该去鼓励，给予他动力。当你希望成功，当以鼓励为良友！

（广东高州中学　曹铭珍）

相信你自己

相信，这个词百说不厌，百用不褪色。

在生命的调色板上，人人都希望是个卓越的画家，能调出万紫千红的色彩。但是，我们中的很多人却连拿起调色笔的信心都没有，又怎么谈得上描彩绘色呢。今天，我想对你们说，相信你自己，别说你不行，拿起你们的画笔，为明天描上属于自己最亮丽的色彩。路漫漫其修远兮，吾将上下而求索。我们要坚强勇敢，给自己以后的路加上个感叹号！人生难免有困难，但我们要从中学习经验，用自己长时间积累的经验压倒眼前的困难。其实我们活得不必太累，勇敢面对困难，锻炼自己的承受能力，让自己有一颗平常心，多鼓励自己，多给自己信心，力量源于自己。

人生不可能是一帆风顺的，谁一生下来就会说话、走路，每个人都要在积累与磨炼中逐渐成长，别说你不行，因为自信可以产生巨大的精神能量，它足以化山穷水尽为柳暗花明，促进你在荆棘丛生中奋勇前进。海伦是大家所熟悉的，她集盲、哑为一身，但她克服了常人难以想象的困难，学会了说话，修完了大学课程，并掌握了五国文字。由此看来，很多人成功、奋斗的背后，都有着多么强大的自信心。我们身边也有很多例子，他们自信着，努力着，才能取得更好的成绩。

说自己不行，实际是一种怯懦的表现，丧失自信心的人总想为自己筑起一个避风港，他们必将与失败结伴。比对手弱并不可悲，可悲的是害怕强劲的对手，不相信自己。

21世纪需要勇于开拓、进取、创新的精神。畏畏缩缩、犹犹豫豫的作风必将被时代所淘汰，我们要充分展示自己的才华，敢于挑战困难，只有这样才能发挥自己的光和热，谱写壮丽的人生篇章。"自信人生二百年，会当水击三千里。"让我们以微笑面对困难，用自信挑战生活，虽然有自信不一定会赢，但失去了自信，就一定会输。

（广东高州中学 曹铭珍）

乐观自信我能行

　　首先我们来分享一个故事吧！故事的题目叫《小板凳》。世界著名科学家爱因斯坦上小学时，有一次上劳动课，同学们都交上了自己的作品，像泥鸭子、布娃娃、小汽车，等等，唯有爱因斯坦没有按时交上作品，直到第二天，他才送去一只做得很粗糙的小板凳。老师看了很不满意地说："我想世上不会有比这更差的小板凳了。"爱因斯坦回答说："有的。"他不慌不忙地从课桌里拿出两只小板凳，举起左手说："这是我第一次做的。"又举起右手说："这是我第二次做的，……刚才交的，是我第三次做的，虽然它不能使人满意。但总比这两只强一些。"同学们，爱因斯坦为什么能这样做呢？

　　那是自信的威力。自信，是人类运用和驾驭宇宙无穷智慧的管道，是所有"奇迹"的根基，是所有科学法则无法分析的玄妙奇迹的发源地。自信的确在很大程度上促进了一个人的成功，或许可以这么说："拥有自信，就拥有了成功的一半。"

　　毛遂自荐，当他从众人间走出，站在平原君面前时，需要的是坚定、永恒的自信。

　　苏轼"但愿人长久，千里共婵娟"的祝福后面有着"老夫聊发少年狂"的激昂的自信。

　　关汉卿"有日月朝暮悬，有鬼神掌着生死权"的控诉中蕴含着"我是蒸不烂、煮不熟、炒不爆、压不扁，响当当一粒铜豌豆"的非凡的自信。

　　诗人的自信，有永不退缩的精神，有克服困难的毅力，有战胜挫折的勇气。同样，在我们的学习、生活中，保持稳定、乐观、积极向上的心态，生活也会因此而幸福畅快。

　　自信还应该与努力有机地结合起来，要不断地努力进取，成功之门终究会被我们打开。时常见到有部分同学在考试前没有一丝紧张，满怀自信地步入考场。但考试过后，这部分同学中有的分数挺高，有的分数却不甚如意。为什么呢？因为前者既自信，又刻苦认真地学习；后者是单有自信，却未付出努力。

　　所以说，我们做人，既要充满自信，更要满腹经纶。因为自信必须依附于"实干"这一部能量机，才能使自信发挥出它应有的力量。

　　乐观自信是一粒生命的种子，深藏在人心里，随时都可能发芽，开出绚烂夺目的花朵。乐观自信是一个人心中的灯光，时刻照亮着人生的坐标，辉煌着人生的过程。天生我才必有用，我们每个人都有自己的优点，永存希望。

梁媚海老师

（广东高州中学　梁媚海）

专注力

在大家走过的十五六个春秋里，想必已经积累了许多读书经验，是勤奋，还是刻苦；是坚持，还是放松……但今天我要与大家分享的是我的读书经验——专注力。

高尔基说过：成功离不开专注力，专注力在成功中发挥着不可磨灭的作用。也就是说，当一个人静下心来认真地去完成一件事时效果非常大；但当一个人心情浮躁，那么即使他的技巧再怎么熟练，等待他的也只会是失败的"万丈深渊"。

专注盛放

比如说，当你在知识的海洋中遨游时，你会觉得疲惫，觉得烦人，甚至会产生厌学心理……但试问一下自己，你为什么会这样呢，难道不是因为自己的专注力不够，三心二意吗？再比如，当你认真专注于一道数学题的时候，你绞尽脑汁在迷茫的边缘不断地徘徊，但当你从旋涡中脱颖而出，有着"山重水复疑无路，柳暗花明又一村"的感受时，心中应该会第一时间跳出一个"爽"字吧。

最后，我想说的是：肯专注是一种态度，会专注是一种能力，而肯专注加上会专注，使人走上成功的征程。希望我们专注的每一分每一秒都得到等价的回报。

（广东高州中学　曹铭珍）

心 态

心态，很重要。

在《意林》里有一篇文章，其中写道：开车的人心态有三种：开得比我快的，作死；开得比我慢的，会开吗？和我一样快的，较劲儿是吧？官场上也有三种心态：官比我大的，拍马屁的；官比我小的，不会来事；和我一样官职的，大家一起混呗！

那么，他们为什么会有这三种心态呢？原因很简单，心不平，心不正，看别人自然是歪的。想想我们自己，在别人眼里不也是歪的吗？要想在别人眼里是正的，首先先把别人看正。

切记，冷了，给自己加件外套；饿了，给自己买个面包；病了，给自己一份坚强；失败了，给自己一个目标；跌倒了，在伤痛中爬起并给自己一个宽容的微笑。

记住该记住的，忘记该忘记的，改变能改变的，接受不能改变的。

我认为做事的一个最朴素的道理：放宽心态；敢想，立刻做，跌倒爬起来；再想，再立刻去做。

大事难事，看担当；逆境顺境，看胸襟；是喜是怒，看涵养；有舍有得，看智慧；是成是败，看坚持。总之，人的心态很重要。

（广东高州中学　曹铭珍）

笑出强大

笑，作为一种表情，传递的却是一种信息。

俗语说："笑一笑，十年少。愁一愁，白了头。"可见，笑对我们的作用很大。人在遇到困境或挫折时，难免会情绪低落，闷闷不乐，若这时能收到一个浅浅的微笑，你的心情定会阴转晴。

笑的作用着实不小，说多了可能会令大家产生厌倦感，但这是有科学依据的，并不是我的胡乱瞎扯。

研究表明，笑时可刺激大脑中相应部位的愉快中枢，使人有愉快、开心的感觉。笑可以促进血液循环，提高肾功能，有利于脑部发育等神奇的功效，最重要的一点是——可以减肥。的确如此，笑可以使全身80多组肌肉运动，从而消耗热量，以达到减肥的目的。

同学们，人生很短，我们不应垂头丧气去面对，而应笑着面对。在自己烦恼、忧愁时，不妨对着镜子，咧嘴展开笑容。因为此刻微笑着的你，是最美的你。但如果真的笑不出来也无妨，可以让自己尽力做出笑的表情，同样也可以刺激大脑中的愉快中枢。

不管你是一个高冷的人，还是一个暖心爱笑的人，都请你笑对生活，做一个具有正能量和积极向上的有为之人。

请切记：乌云后面依然是灿烂的晴天。

（广东高州中学　曹铭珍　林颖琪）

态度与细节

首先，我送给大家一句话："没有等出来的辉煌，只有拼出来的美丽。"

"态度决定高度，细节决定成败。"这句话的确不假。因为在生活中一个人的态度常常可以决定这个人的高度，可以从细节中决定成功和失败。这两个关键词，我们若单独注重其中一个是不行的，名人们若没有细节只有态度当然是成功不了的。所以态度和细节是分不开的，只有态度端正并且注重细节才会成功。

你们也深刻地体会一下吧！平时试卷发下来很多同学都只是看了一眼分数就把试卷塞进抽屉，很少有人会拿出试卷分析一下错题。有些人还是有点觉悟的，看到错题，便感叹："又是粗心，我是看错题了，我本来是会做的。不管了，反正我是会做了。"但这种态度极不端正。粗心也是能力的问题，这说明你的能力还有待提高，更是一种态度问题，态度决定一切。记得老子说过："天下大事必做于细。"对于那些考得差的同学，不要伤心，不要自卑，而要自信、坚强。记住输过的人才有机会赢得漂亮。要有张继科"不必仰望别人，自己亦是风暴"的自信。强者不是没有眼泪，只是含着眼泪向前奔跑。

最后，送大家一段话：相信在未来的三年里，通过同学们和老师的努力，相信用不了多久，我们靠励志、靠实力就能摆脱学渣，赶超学民，当上学霸，修成学神，征服"211"，秒上"985"……

（广东高州中学　曹铭珍）

抱怨没有用　一切靠自己

抱怨，这个词我们最熟悉。

曾几何时"旗袍先生"崔万志的故事让我们感动的同时也让我们知道需要去奋斗。

曾几何时，我们小的时候可能曾偷偷埋怨过父母：为什么爸爸不是有钱人，首富？为什么妈妈生下的不是一个花容月貌或者英俊潇洒的我？为什么爸爸妈妈不是像约翰·纳什、牛顿那种获诺贝尔奖的科学家，以至于我没有遗传到高智商的大脑？等等。但是抱怨有用吗？抱怨会让我们的爸妈变成大富豪吗？抱怨会让我们变好看吗？抱怨会让我们成为天才吗？答案是不能。抱怨，并没有什么用，一切靠自己。

如果不奋斗，我们连羡慕别人的资格都没有，更别期望靠着抱怨就会让我们成为人上人，成为被人仰望、称赞的存在。我们现在一无所有，但意味着我们有无限的可能。你否定我的现在，但我不会去抱怨，因为抱怨没有用，我决定我的未来。如果你觉得现在走得辛苦，也不要抱怨，因为那证明你在走上坡路。坚持不下来的时候，我们要给自己最大的拥抱，因为亲爱的自己，我们不能辜负自己，不能辜负我们的梦。虽然我们已经高二，可能之前基础没打好，但也不要抱怨以前的自己不努力，趁现在，来得及。谁也不会是你的谁，只有自己才是最真实的。别把现实当偶像剧，没有天上掉下高富帅的事，即使埋怨老天也没用。抱怨没有用，一切靠自己。

（广东高州中学　曹铭珍）

改变不了环境，就改变自己

同学们，我们改变不了环境，就要改变自己。

著名文学家托尔斯泰曾经说过："世界上只有两种人：一种是观望者，一种是行动者。大多数人想改变这个世界，但没人想改变自己。"想要改变现状，就要改变自己，就得改变自己的观念。一切的成就，都是从正确的观念开始的。一连串的失败，也都是从错误的观念开始的。要适应社会，适应环境，适应变化，就要学会改变自己。

柏拉图告诉弟子自己能够移山，弟子们纷纷请教方法，柏拉图笑道："很简单，山若不过来，我就过去。"弟子们一片哗然。

这个世界上根本就没有移山之术，唯一的一个移动山的办法就是：山不过来，我便过去。同样的道理，人不能改变环境，那么我们就要改变自己。

曾有这样一个故事，一个黑人小孩在他父亲的葡萄酒厂看守橡木桶，每天早上，他用抹布将一个个木桶擦干净，然后一排排地整齐地码好。令他生气的是，往往一夜之间，风就把他排列整齐的木桶吹得东倒西歪，小男孩很委屈地哭了。父亲摸着小男孩的头说："孩子，不要哭，我们可以想办法去征服风。"

于是小男孩擦干了眼泪坐在木桶边想啊想，想了半天终于想出了一个办法，他从井边挑来一桶又一桶的清水，然后把它们倒进那些空空的橡木桶里，然后他就忐忑不安地回家睡觉了。第二天，天刚蒙蒙亮，小男孩就匆匆地爬了起来，他跑到放桶的地方一看，那些橡木桶一个一个排列得整整齐齐，没有一个被风吹倒的，也没有一个被风吹歪的。小男孩开心地笑了，他对父亲说："要想木桶不被风吹倒，就要加重木桶的重量。"男孩的父亲赞许地笑了。

是的，我们不能改变风，改变不了这个世界上的许多东西，但是我们可以改变自己，给自己加重，这样我们就可以适应变化，不被打败！

人生如水，人只能去适应环境。如果不能改变环境，就改变自己，只有这样，才能克服更多的困难，战胜更多的挫折，实现自我。如果不能看到自己的缺点和不足，只是一味地埋怨环境不利，从而把改变境遇的希望寄托在改变环境上，这实在是徒劳无益。

虽然我们不能改变世界，但我们可以改变自己，让我们用爱心和智慧来面对一切环境。

改变自我

（广东高州中学　曹铭珍）

没有那么多人在意你

林语堂曾说过："人生不过如此，且行且珍惜。自己永远是自己的主角，不要总在别人的戏剧里充当着配角。"生活中，总有一些人因太过在意别人的看法而不停地改变自己，到了最后才发现，再也找不到曾经那个最纯真的自己，并且还活得很累。这一切皆因心理的负担太重，一旦陷入便难以自拔。

太过在乎他人看法的人，在路上摔了一跤，惹得路人大笑，尴尬之余，会认为全天下的人都在看他出丑；和朋友一起唱歌，一个破音引起哄堂大笑，之后便如坐针毡，不敢再在众人面前唱歌。因心里太过在意他人的看法，常把自己的生活弄得一团糟。

一般来说，太过在意他人看法的人，大致有两种人，一种是自小优秀到大的人；另一种是出身很平凡但经过自身努力后取得不小成就的人。第一种人，因自小便是在赞赏中长大的，是别人眼中做什么事都完美的人，因此便害怕若有一天自己做错了某事而受到责备。从小到大都完美的人，不允许在人生中留下任何"瑕疵"，于是便十分在意身边人的看法，努力不让自己出丑，活成别人心中的样子。这种人很容易因别人的一些看法而崩溃。第二种人因出身平凡，好不容易闯出一小片天地，但因他们出身平凡，内心总有一股抹不去的自卑，害怕别人拿自己的过去说事，于是便总感觉有人在议论自己，十分在意他人对自己的看法，害怕自己现今所拥有的一切会一夜之间化为乌有，遭人耻笑。

其实，换位思考一下，你可曾把别人摔跤的一幕牢记在心里，或对别人唱歌的一个破音耿耿于怀？这些只是生活中的小插曲，现实中还有那么多事情需要我们投入大量的时间和精力，哪还有心思记得这些？所以，不如放轻松一些，抛开那些多余的想法，以从容的姿态面对未来。记住，不要拿着别人的地图寻找自己的路，每个人都是一道独特的风景，不知不觉中，你会发现，你苦苦寻找的一直是你自己。

人生路上，你只需努力做好自己，因为没有那么多人在意你。

（广东高州中学　曹铭珍）

得不到的别勉强

首先用一句出自《老子》的"祸莫大于不知足，咎莫大于欲得，故知足之足常足矣"这句话引出我的话题。

够得着的幸福才属于自己。在生活中，我相信人们有时候会出现一种错觉"别人手中的总是最好的，够不着的果子总是最甜的"。果真是这样的吗？应该不是吧！我认为如果一直不停地仰望，一直寻找，在红尘中我们会渐渐迷失自我，渐渐失掉幸福感。

仰望那些够不着的东西，其实是一种莫大的煎熬。若你无论用什么方法都够不到你仰望的东西，你是选择吃那颗唾手可得的果子，还是继续仰望着，跳着，够着，直到心灰意冷，才垂头丧气地眼睁睁地看着那些吃着果子，笑着你的人？

聪明人会选择绕树几圈，摘下那些够得着的果子，吃掉并快乐地坐着。够不着的那些就想想办法，实在够不着就选择满足当前，离去。而愚蠢的人，拼命地想够到树顶上的果子，然后失败，伤痛欲绝地死去。

而聪明人往往会把生活过得很幸福，而愚蠢的人就一直生活在灰色世界中。

在我看来幸福是掌握在自己手中，由自己抉择的。

在人生的旅途中，我们会遇到许多人和事，会遇到美丽的风景，会遇到许多想要或不想要的。比如，鲜花和美酒，比如，沮丧和抑郁。贪心的人总是想把所有都占为己有，从不会想自己是否拿得动，而豁达的人总是选择自己最需要的，因为他们知道，简单快乐才最有滋味。

平时，我们可以看到真正的聪明人和豁达的人总是笑口常开，而贪婪、小气的人总是抑郁，愁容满面，那就是因为前者得到了幸福，而后者与幸福背道而驰。

所以说够得着的幸福才是属于自己的，得不到的别勉强，毕竟强扭的瓜不甜。

（广东高州中学　曹铭珍）

182

正视现实

正视现实，追逐梦想。

同学们，高中是一个新的起点，大家都站在同一起跑线上，没有优劣之分。可能有同学认为自己初中的成绩不太好，高中肯定死定了。高中与初中的学习不一样，初中成绩不好不代表什么，那已经成为过去。只要我们努力去学，高中的成绩肯定不会差。但不是盲目地努力，要有一份计划，计划自己什么时候该做什么，这样能大大提高我们学习的效率。高中是非常注重学习效率的，如果把学习比作一次函数，一次函数里的定值我们无法改变，是我们自己的天赋，每个人的天赋相差不大，所以影响不大。学习效率就是一次函数的自变量，因变量是我们的成绩，效率高低影响了成绩的高低。虽然这次月考我们班考得不理想，但我相信，只要努力，下次会一雪前耻。

绽 放

我们每个人心中都有一个梦想，都想成功地实现梦想。但是，成功从来就没有一帆风顺，有梦且不轻言放弃的人才会到达他心中的彼岸。最后一句话想告诉大家，让我们用暂时的枯燥和寂寞打造未来的鲜活，让我们用现在的汗水与泪水洗亮他日的欢笑！放开胸怀，正视现实，去迎接人生的挑战，无论是胜还是败。

（广东高州中学　曹铭珍）

做真实的自己

我们要做真实的自己。

毕淑敏的一篇文章里写道："我们不喜欢真实的自我，我们把一个乔装打扮的假我拿给大家看。"或许有许多人感同身受，认为真实的自我不讨喜，与人交往就会将真面目隐藏起来。殊不知，当有越来越多人夸赞假我的同时，内心的自卑感会逐渐堆积，让你越发否定真我，也越发依赖这副面具。可是当所有人包括自己都习惯了面具的存在时，内心深处的声音也渐渐被埋没了吧？

其实，我们都期盼着真实，渴望彼此做交心的朋友，可能有时会有些小摩擦，但至少你的一言一行都是发自肺腑的。为什么许多人都爱看真人秀？很大一部分原因是观众更想看到明星除去华丽的外衣下真实的另一面，是否也如普通人一般考虑柴、米、油、盐、酱、醋、茶或肆无忌惮地大笑。所以，请抛开一切世俗的观念，消除心中的顾虑，以真面目示人吧。

活着，本就不是为别人。如果你是不善言辞的，不必羡慕他人的巧舌如簧，不如就做个安静的倾听者；如果你喜欢的是小众的，不必为了他人去改变，说不定哪天会遇到同道中人；如果你认为真实的自己不够完美，不必自卑和难过，毕竟"人无完人"，一味地追求完美，只会更压抑。

给大家讲个故事吧。杭州小伙儿郑阳是一家超市的营业员，今年18岁，他在14岁那年喜欢上了跳机械舞。尽管没有舞蹈基础，但通过视频自学，他每天都会坚持练习。只要灵感来了，就会在街头随意起舞，风雨无阻。虽然有的人不理解，但更多的人向他投去欣赏的目光。因为每次真实自我的演绎，终会赢得他人的赞许，世事纷扰，摘下面具，你会发现，做真实的自己很快乐。

我们不妨也做真实的自己。

（广东高州中学　曹铭珍　陈梓乐）

请关闭你的纠结模式

在生活中，很纠结的人并不少见。就拿我来说，有时也会对某件事很纠结，用了很多时间去纠结一些小事，难以作出决定。也许传说中的"选择恐惧症"也是因为太纠结而产生。

做孩子的纠结，既厌恶父母的管束，又懒得自己出来打拼；做学生的纠结，既不认同老师的某些观点，又怕得不到老师的认可。其实，人生中那些进退两难的困境太多。很多时候，勇敢并不是果断地作出决定，而是你毫不纠结、果断做出选择的那一刻起你所付出的努力。不辜负自己的选择，做出了选择就要努力做到最好，要通过自己的坚持不懈证明自己。

我特别喜欢《阿甘正传》里面的阿甘，我猜他是典型的美国梦承载者，把自己仅有的智慧、信念、勇气集中在一点。他从不纠结，什么都不顾，只知道凭直觉在路上不停地跑，却莫名其妙地获得了很多成就。我们都不要因为一件事纠结，最终迟迟没有结果，与其继续纠结，还不如学学阿甘的不管不顾。也许再继续纠结不已，我们就成了美丽荷塘中的一条咸鱼了。

楚霸王项羽自刎乌江，造成悲剧的莫过于鸿门宴上的一时纠结，错失杀掉刘邦的良机，致使功败垂成。当时项羽的纠结，总结起来就是"打不打？杀不杀？追不追？"就这样，项羽的再三纠结，让煮熟的鸭子飞走了。

法国哲学家布里丹讲述过这样一则故事：有一头毛驴，主人每天都会准备一堆草料给它吃。有一天，主人突然给它准备了两堆草料。当毛驴面对两堆草料时，它顿时蒙了，左边这堆，不错；右边的也很对胃口。它一会往右，一会往左，最后，它在不断纠结中活活饿死了。这头毛驴是生活中很多人的真实写照。

网上盛传的那道用来考验男朋友忠诚度的测试题，其实很无厘头。"当母亲与女友同时落水，你先救谁？"这是个假命题，如果真发生这种事，你还在纠结先救哪个？弄不好两个都淹死了。

跳出那个恶性循环的纠结模式吧，再纠结下去，黄花菜都凉了。

（广东高州中学　曹铭珍）

你以为的就是你以为的吗

同学们，你以为的就是你以为的吗？不知道同学们有没有听说过这么一本书《你以为你以为的就是你以为的吗》，就像这个书名一样，生活中太多事情其实并不像我们以为的那样。

不知道大家会不会跟我有一样的感受：曾经你以为自己可以执着于梦想，结果梦想一直在变；曾经以为手机只是用来和父母联系的，结果手机变成了不可或缺的娱乐工具；曾经以为只有去了王牌院校才能衣锦还乡，后来才知道无论是哪所院校毕业的都得面临就业问题……

生活中有太多时候我们以为自己是对的，我们主观去定义所看到的、听到的。在现实中我们明白过来，原来朋友跟自己诉苦的时候嘴里嚷嚷的"怎么办"，并不是询问解决问题的方法，而仅仅是语无伦次状态下的口头禅。想来并不是努力了就会有回报，也不是万事都欠了，东风就会来。

然而面对这些变数，同学们是选择像鸵鸟一样躲在自己的世界里埋怨，还是更加坚定自己的信念，去相信自己总有一天可以出人头地呢？难道我们要因为别人添油加醋地抹黑现实去混淆自己的视听？难道我们还要不断模糊最初的梦想，继续迷茫下去吗？而在最开始的时候，我们是怎么以为的呢？

既然存在的就是合理的，既然唯一不变的就是改变，那么我们为什么不能顺势改变我们的心态呢？当然，这并不是逆来顺受，而是不忘初心，在想要萎靡的时候振奋起来，在想要逃避的时候勇往直前，在想要放弃的时候轻声告诉自己再坚持一会儿。

这样，无论我们身处何地，无论我们境遇如何，无论事态怎么变化，我们依然能够破茧成蝶，并且更加强大！

（广东高州中学　曹铭珍）

喜怒哀乐都是自己给予的

你或许会问为什么人生有那么多不如意，也会问为什么我的生活总是充满了不愉快。每个深夜总会有那么些一夜不眠的人，他们或许是通宵做作业，或许是通宵打游戏，也或许是遇到困难了无法入眠，辗转反侧。

想想那些通宵写微博的人可能是夜行的游侠，也可能是在白天受了伤的行人。相信很多人在心情不愉快甚至是伤心的时候，总是可以说出平时搜肠刮肚都找不出的大道理，总是可以一瞬间成为哀吟悲诵的大诗人。可是当你从悲伤里走出来，你又开始埋怨自己竟如此多愁善感。

在悲伤的时候，你会急切地想找个人倾诉，细数着自己的委屈和命运的不公；在愤怒的时候，你会急着找人宣泄你的不满。可是没有人会永远陪着你，朋友、亲人甚至父母都不可能无时无刻陪着你，那时你又该怎么做？我们不是三岁的孩子，没有人会在你哭的时候送你一根七彩的棒棒糖，也没有人无时无刻地哄着你，有的只是你要面对的事实，或许你会觉得很残酷，可是所有的蝴蝶都需要羽化，我们也一样。

记住，伤口只适合独自舔拭而不是展览一番，与其疯狂地找一个与之不相关的人说一堆痛苦，倒不如自己找个地方待一阵，或许你会发现没那么难受，还可以接受。成长的路上有陪伴，也有形单影只。

喜怒哀乐都是自己给予的，你无法摆脱的事实，就想办法摆脱负面情绪，而那只能靠自己。蝴蝶要羽化，而我们，也终究得学习该怎样去理性地生活，不是让你隐藏自己的悲哀，只是不要把一切都看作天崩地裂，时光的美好在于它能淡化悲伤，淡化心中的那道疤痕。

请相信，天赐我们一双翅膀，就应该展翅翱翔，满天乌云又能怎样，穿越过去就是阳光。

（广东高州中学　曹铭珍）

187

颜值与修心

颜值重要，但不代表一切。当今社会是一个看脸的社会，大多数人希望通过颜值来获得更多的自信与机遇，然而颜值并不能决定一切。

马云，一个名列福布斯全球科技百富榜亚洲第一的男人，他并没有很高的颜值，但他通过自己的努力得到了如今的诸多成就。

即使看颜值的时代，修心也是很重要的。

一个没有素质的人，就算穿得多么华丽，一说话、一个举动就能暴露自己；一个有涵养的人，即使穿着朴素，和他相处也会清风拂面。修心使人睿智，读书使人明智。

一个人空有颜值却没有内在是不行的，现在有很多好看的人只凭自己的高颜值就能得到许多喜欢与关注。可是，当一个人颜值不再，又没有内在，怕苦又怕累时就会明白，颜值不是最重要的，内在才是。

静以修身，俭以养德。当今社会，空有颜值、目中无人、不予修心是不行的，你的相貌再怎么长也是几十年，而你若着名还可以流传千古，被传颂千年。

同学们，颜值重要，修心更重要。

美的再现

（广东高州中学　曹铭珍）

自律让你摆脱眼前的苟且

我脑海里对于"自律"这个概念的认识最早是在小学。课本上说鲁迅有一天早上迟到了，老师批评了他，他就在书桌上刻了一个"早"字，以后无论什么情况他都没有迟到过。

很多时候人明明知道自己做什么会好，做什么会不好，但通往好事物的道路永远都布满荆棘，坎坷难行，通往坏事物的道路则开满鲜花，平坦且迷人，所以便造成了越来越多人"听过那么多道理，却依然过不好这一生"，说到底，他们只是欠缺自控力。

微博上总有一些看起来很搞笑但其实负能量满满的句子，诸如"我知道这样不对，可虚度年华真的好舒服"之类，可是他们却没有注意到，这种舒服最后会变成你人生路上的束缚，它捆绑着你，让你止步不前，甚至是落后于人生。

高中生活，自律对于同学们来说非常重要，每天早起半小时去教室读书，一定会取得好成绩。高尔基说过："哪怕对自己的一点小小的克制，也会使人变得强而有力。"

只有自律的人才能把控好自己的人生，只有自律的人才能获得真正的自由。

（广东高州中学　曹铭珍）

但求用心　不问位置

一位老师在给学生上课时，要求大家做一个游戏。老师给每人发了一张白纸，让同学们写上名字揉成团，然后他把教室的垃圾桶挪到了讲台前，开始讲规则："把手中的纸团扔到桶里，前提是必须站在你的位置上。"老师话音刚落，后面的学生就开始抗议："这不公平！我们离得太远了，前面离得那么近……"

舒　展

老师笑而不语，等大家静下来后，宣布游戏开始。前排的同学毫无顾虑，很轻松就扔进去了，但依然有好几位同学没成功。后面那些鸣不平的同学看到距离那么远，有不少只是象征性地投了下，而有几位则非常认真，纸团划过一道弧线，稳稳地落在垃圾桶里。游戏结束，老师问："前面的同学拥有好位置，都投进了吗？""没有。"老师接着问："后面的同学没有好位置，就没有成功投进的吗？""当然有投进的了。"

为什么后排有人投进了呢？因为他们认真。毛泽东说："世上无难事，只要肯登攀。"如果一个人认真起来，那么所有曾经的不利条件都将不复存在。由此可见，即使你一开始没有处在有利的位置上，如果认真对待，仍有可能超越那些先天条件好却不懂珍惜的人。正如江南春所言："最终你相信什么就能成为什么。"因为世界上最怕两个词，一个叫"执着"，一个叫"认真"。认真的人改变自己，执着的人改变命运。

（广东高州中学　曹铭珍）

善假于物　方能成功

同学们，当我们平时在学习或生活中遇到了自己实在很难解决的问题时，相信我们都会寻求他人的帮助吧，这就是善假于物。善假于物，就是善于借助外物。泰山不拒细壤，故能成其大；江海不择细流，故能就其深。我认为，唯有善假于物，我们方能更快、更好地走向成功。

诺贝尔奖获得者保罗·A.塞缪尔森说过："我可以告诉你们怎样获得诺贝尔奖，诀窍之一，就是要有名师指点。"诺贝尔奖得主奥托·沃伯格说："一个年轻科学家一生中最重要的事情是跟那个年代的科学巨匠进行的个人接触。"被人们称为"力学之父"的牛顿，20多岁就创立了微积分，提出了万有引力定律，但他把自己的成就归功于"站在了巨人的肩膀上"。你们想，这些成就卓越的人尚且需要依靠别人的力量才能获得成功，我们又何尝不用借助他人的力量呢？在学校，我们要依靠老师和同学，来提高我们的学习质量；在家里，我们要依靠父母给我们提供衣食住行；在他乡，我们可依靠亲朋好友互相帮助。人不可能脱离社会而单独存在，人也不可能不依靠外物而获得成功。

荀子在《劝学》中有一段话，我觉得说得很有道理。"假舆马者，非利足也，而致千里，假舟楫者，非能水也，而绝江河。君子生非异也，善假于物也。"善假于船，我们能"直挂云帆济沧海"；善假于马，我们能日行千里夜跑八百；善假于风，周瑜火烧赤壁大败曹军；善假于物，我们能战胜人生道路上的一切困难，摘取成功的硕果。

最后，愿我们每一个人都能做到善假于物，都能到达成功的彼岸。

（广东高州中学　曹铭珍）

越努力越幸运

大家都知道，在追求理想的道路上，我们要不断地努力。越努力的人，才有机会获得更多的幸运。不努力或是不够努力的人，会有幸运可言吗？接下来，我要讲述一下我的故事。

初三那年，同学们真的是每时每刻都在激烈地竞争。谁都不敢走神或是打瞌睡。我记得那是临近中考前，最后的一场化学模拟考，化学老师把我叫到办公室，我看到那鲜红又刺眼的分数时，心里一咯噔，心想：这下完了。然后，我便静静地坐在办公室里听老师指正我的试卷，那一瞬间我心头涌满了各种情绪，苦涩、委屈、难过……但我还是强忍住了泪水，听着化学老师给我讲解。别人都考了特别好的成绩，而我呢？我紧抓着那张试卷回到教室，自修课完了，别人都走了，我低下头，不争气的眼泪还是流了出来。为什么我努力了这么久，却没有回报呢？我心有不甘。

化学老师发现我哭了，一路陪着我回到宿舍。这一路上，她跟我讲了许多：她说，她教过的一个女孩，去参加竞赛时，并没有老师看好她能取得好成绩，可那个女孩却出乎所有人的意料获得了胜利。老师告诉我原因，是因为那个女孩放松了自己的心态。

我在宿舍翻来覆去，一直在想，难道我就此放弃吗？我努力了这么久，我不甘心，于是在最后的时间里，我拼命地复习，努力付出。

那年中考，成绩终于出来了，我的化学成绩竟然超水平发挥，我又一次大哭，此时的哭是发自内心激动的哭，是付出努力后换来骄人成绩的哭，从那以后，我一直相信，做事只要平心静气地努力，你肯定会有收获的。我也相信，当上帝关闭了一扇门，也会为你打开一扇窗。同学们，今天作为教师身份的我郑重地告诉大家，越努力的人越幸运！

（广东高州中学　曹铭珍）

厚积而薄发

厚积而薄发，这个词由厚积和薄发组成，中间加上一个"而"表示转折。同学们，你理解吗？

爱因斯坦说："努力从来不会白费，只要坚持，哪怕无法在这个枝头开花，也能在另一处叶下结出果实。"

厚积薄发

这正如毛竹，前四年，它每年只长几厘米，直到第五年，它仅用了几周的时间就长了几十米高。

这证明了什么？证明了一个人需"厚积"才能在关键之时"而薄发"啊！

连毛竹都能这样，为何我们不可以呢？当只有一条路不能选择时，那就不放弃；只有一条路不能拒绝时，那就成长。一滴水只有放进大海中才不会干涸，一堆散沙只有混进水泥中才会更坚硬。

同学们，请相信厚积而薄发。最后，我把屈原的一句话送给大家："路曼曼其修远兮，吾将上下而求索。"

（广东高州中学　曹铭珍）

努力换取幸运

同学们，每一片叶子都有它独特的形状，每一朵花都有它独特的香味，每个人都是世上独一无二的个体，在这个世界上，没有两个人是完全一样的。你们每个人的存在，都有自己的价值与意义，也许你不是最好的，但没有人可以取代你。

现在，大家都是高中生了，高中生活已经起航，也许新的生活带给你们诸多不如意，但请相信每一次都是机会，都是成长，都意味着能力更大，责任更多。所以你们需要努力，才能在未来的生命中不留遗憾。生命的美丽在于勇于创新，且愿意努力学习，化蛹为蝶，才能使生命焕然一新。

你们是高中生了，要学会包容自己的不足和缺点。俗话说，人无完人。正因为这样，你们才要努力，不断学习，不断进步，换取幸运。那么如何在正视不足和缺点的前提下，采取实际行动来弥补不足，克服缺点呢？我觉得，一方面要正确认识自己在群体中所处的位置，然后确定以后努力的方向；另一方面就是要正确认识自己，要从不同的方面评价自己，不要只看到自己的缺点，而看不到自己的优点，老是觉得自己不行。只要你们够努力，你们当中就会有下一个马云也说不定。你们既要看到闪光点，也要看到不足之处，对自己的认识才会全面，才能更好地针对不足之处而去努力。

大家都知道台湾的著名作家琼瑶，琼瑶小时候除了语文之外，其他学科成绩并不理想。有一次，数学考试她只拿了20分，学校发给她一张"通知单"，要她拿回去给父母盖章。熬到深夜，她鼓足勇气把通知书交给母亲。母亲的脸色阴沉下来，将她好好责骂了一顿，琼瑶绝望了，差点结束宝贵的生命，幸亏最后没有造成终身的遗憾。从死神手里逃回来那一刻的她，分析了自己的长处与短处，痛下决心取长补短，专心写作，追求自己的事业，为自己的梦想而努力。她最终取得了令人羡慕的成绩，看现在那么多的琼瑶剧就知道了。

所以说，成绩单不漂亮没关系，只要你们努力，就是一名好学生！基础不好没关系，只要你们每天都有进步，就是一种成功！

　　我觉得其实不是越努力越幸运，而是越努力，就越有能力把命运掌握在自己手里，会觉得整个人生都开启了简单模式，就像打游戏开挂了一样，所向披靡。

　　所以去努力吧，趁青春！努力会换取幸运！

努力盛放

（广东高州中学　曹铭珍）

努力前行

相信大家都听过这样一句话："越努力越幸运。"

不错，纵观社会的成功人士，无论是马化腾、任正非还是马云抑或是刘强东，他们中没有一个是真正的"锦鲤"体质，而他们就是自己的锦鲤，他们只是在我们看不到的地方努力前行而已，他们成功的秘诀便是坚持努力，他们就是"越努力越幸运"的那一类人。

诚然，"努力不一定有回报，但不努力一定什么都得不到。"这是一个少年说的，早在2012年，他在上海戏剧学院读大二时就出演了琼瑶剧《花非花雾非雾》，是剧组主要角色里的唯一新人，他凭借自己的优秀表现，得到了琼瑶的夸奖，之后正式踏入演艺圈。这么高的起点，所有人都以为他接下来会一帆风顺，前途无量时，他却选择沉淀自己，北漂跑组。他抓住所有机会，无论什么角色都尽力演好，不为别的，为了他想依靠自己来完成梦想。所以即使是住地下室又或者是碰壁无数次，他都未想过放弃。2015年到2016年，他拍了9部戏，最辛苦的时候，连续50多个小时不睡觉，半个多月没有沾过床，全在赶路的车上，那两年他自己都说"不知道怎么熬过来的"，他用"死而复生"来形容那两年。因为你只有在觉得艰难的时候才是在走上坡路。那是他成长和收获最多的两年，尤其是在《白鹿原》中，他将压力化为动力，认真做功课，仔细打磨角色，谦虚地向老戏骨学习，最后获得观众的一致认可和好评。他不仅有梦想而且热爱篮球，热情阳光，苦练球技且球技过人，而当梦想成真，他回忆过去时说："正是这样拼命的两年才成就了今天的我。"他叫邓伦，自知且清醒，努力又积极，是"灯芯"们的"宝藏"男孩，于俗世之中而不染。他与世界较真的那股劲是难能可贵的。人这一生，说长不长，说短不短，但是努力成为自己的样子才是最迷人的。你可以对生活不满，但不能委曲求全；你可以放弃选择，但不可以一直选择放弃，没有人愿意向生活低头妥协，也许我们改变不了世界，但我们能做的是努力前行，不让世界改变自己。

无论是邓伦还是我们每一个人，我们正值年轻，都应该从年少起就无畏向前，人生从不设限，未来必定有无限可能。

愿我们都能活得恣意，心之所向，活成自己最想成为的样子。最后希望大家每天都元气满满，好好学习！

科学阶梯

（广东高州中学　曹铭珍　伍思淇）

人最重要的能力

人最重要的能力是独立思考与自我反省。

我们不得不承认，在这个信息泛滥的互联网时代，我们都会或多或少地有点信息焦虑。每天，那些来自互联网的海量信息不断地冲激着我们的感官和大脑，使得我们对许多问题无法消化、思考。我们每天都不断地忙碌，这种忙让我们的心灵家园越发地荒芜，使得我们的快乐越发地依赖外界，而不是源自内心。我们似乎都没有想过这些信息过时后对我们有何益处，这些信息像是孩提时代追逐的肥皂泡，美丽漂亮，但破灭后我们才发觉原来一无所有，那只是一种美丽的幻觉。

我们有许多的理由去怀念古代，那时的书并不多，因此没有那么多的海量信息，陪伴天下人一生的，无非是那几十本经典书籍，而我们九年义务教育下的书都不止这个数目。古人就是因为可读的书并不多，所以每本书都反复地读、回味、思考，很多人生的智慧和感悟便应运而生。古人的时间也比我们充足，他们在不停地思考和反思，个人的智慧往往可以达到很高的境界。而今天，我们有比古代多得多的知识，我们对自我、人生、社会等的了解却远不如古人。

如今我们的知识丰富了，知识量接受得多了，可独立思考与反思的能力却弱了，自我反省的时间也少了。独立思考可以使我们将所学知识连贯，让它们形成体系，而零散的知识于我们而言并无大用。《大学》也有云："安而后能虑，虑而后能得。"

另外，就是自我反省的能力。励志大师陈安之认为"反省也是成功之母"。曾国藩每天都在反省自己的思想和行为，从不同的角度总结自身，最后取得了了不起的成就，成了后世的典范。

今天的我们需要独立思考和自我反省的能力，它能让我们找准人生方向，并不断修正。有了这两种习惯，我们的知识就有可能转化成智慧，信息就有可能转化成机会。但更重要的是实践，只有实践才可以出真理。从这个意义出发，世界上最远的距离是"知"与"行"的距离，人的一生是难以做到"知行合一"的，而真正的勇者与智者便是知行距离最短的人。

最后，希望大家都能成为各自人生中的勇者和智者。

好习惯好人生

（广东高州中学　曹铭珍）

一分钟

时间，是生活中不陌生的词语，可是你认识时间吗？你有时间观念吗？一分钟能干什么？

在现实生活中，无论是大、中、小学生，还是各行各业的上班族们，很多人似乎对迟到了一分钟不以为然，为什么会这样呢？根源在时间观念淡薄或者缺乏。

其实一分钟可以做很多事：或挽救几条人命，或写三十几个字，或做一道数学题，或跳两百多下绳，或看一篇三百多字的文章，或做三十几个仰卧起坐……

拼搏

游戏

不仅如此，一分钟所产生的能量和作用更是惊人：世界顶级网球员的球速达一分钟三百米，现代化的机场每分钟可起降一架飞机，激光一分钟可走一千八百万公里，最快的电子计算机一分钟能运算九十亿次……

由此看来，即使是一分钟也不能耽误，必须倍加珍惜。人生就是由一个个一分钟组成的，当你认真地去对待每一分钟，不浪费每一分钟，一年可多出六个来小时。

时间就是金钱，想要钱吗？那就珍惜时间吧！

（广东高州中学　曹铭珍）

珍惜时间　勇创佳绩

　　珍惜时间，这是一个古老而又永恒的话题。古人就告诫我们："明日复明日，明日何其多？我生待明日，万事成蹉跎。"我们很多同学都能把这首诗背得滚瓜烂熟，可是你真正懂得它的含义吗？商人说，时间就是财富；农民说，时间就是粮食；医生说，时间就是生命。同学们，你们说时间是什么呢？

　　花儿谢了有再开的时候，草儿枯了有再绿的时候，时间却一去不复返。人生之短，短到来不及回味。总是觉得，刚过了春节就到了端午，端午的粽叶还没晒干，中秋的月饼就又端上了桌。这中秋的大闸蟹味道还没散去，新的一年又在向我们招手了！每天重复着同样的学习、工作和生活，从睁开眼睛到进入梦乡，常常来不及品味酸甜苦辣，明天的朝霞已经升起。

　　洗手的时候，日子从水盆里过去；吃饭的时候，日子从饭碗里过去；沉默的时候，时间便从凝然的双眼前过去。你觉察它去的匆匆了，伸出手遮挽时，它又从遮挽着的手边过去。当你沉迷于游戏时，你想过时间从你身边悄悄溜走了吗？当你津津有味地看着电视时，你想过时间已从你身边擦过了吗？当你读着漫画哈哈大笑时，你想过时间已从你身边划过了吗？

　　每天在学校的路边看见一棵棵的法国梧桐树，一到冬天，叶子变成了一片片红，风一吹叶子就脱落了。其实高中三年真的很短，看完三次落叶就意味着毕业了，只是一眨眼的工夫，真是光阴似箭。

　　有时我们会抱怨时间不够用，许多要干的事都还没有干，但是真的怪时间吗？归根结底是自己不抓紧它。杰弗逊说得好："从不浪费时间的人，没有工夫抱怨时间不够。"时间对每个人都是公平的，它不会多给谁一分，也不会少给谁一秒。那为什么在相同的时间里，人们所得到的结果不同呢？比如说，一个班的同学，每天在一起生活、学习，同样的环境，同样的课程，同样的老师，为什么有的人学习好而有的人差呢？那是因为有的人充分利用好课堂上的每一分钟，专心听讲，认真思考，甚至把课余别人玩的时间用在了读书上，所以能够取得好成绩。

　　鲁迅大家都知道，但你们知道鲁迅珍惜时间的秘诀吗？鲁迅十二岁在绍兴读私塾的时候，父亲正患重病，两个弟弟年纪尚幼，鲁迅不仅经常上当铺，跑药店，还得帮母亲做家务；为了不影响学业，他必须做好精确的时间安排。此后，鲁迅几乎每一天都在挤时间。他说过："时间，就像海绵里的水，只要你挤，总是有的。"他每一天都要工作学习到深夜才肯罢休，在他的眼中，时间就如同生命。

　　同学们，冬去春来，期末将至，把握当下，不给自己留有遗憾。一天有24个小时，这是无法改变的。你想挽留时间，那就得靠你把握时间，珍惜时间，提高复习效率，勇创佳绩。

佳　绩

（广东高州中学　梁媚海）

选择读书

你们做过选择吗？

你们做过什么选择？

你们所认为的选择是怎样的？

今天我和大家简单地聊一下"选择"。不同的人对于选择有不同的看法，而我想用《孟子》中"鱼，我所欲也；熊掌，亦我所欲也，二者不可得兼，舍鱼而取熊掌者也"这个句子来诠释"选择"。

我们每个人都会面临选择，但选择也是有得有失的，比如说，我们选择购买某件物品，就要花费一定数量的钱；又比如说，我们的父母，他们因生计问题而选择到大城市去工作，因此失去了许多见证孩子成长的机会……

曾经，我与一位学生谈心，他认为读书没用，而且每天都是穿梭于宿舍、教室、饭堂，三点一线，每天重复来重复去的一件事就是学习，于是开始感到茫然。后来，我把自己看到的一篇文章跟他分享，文章内容是这样的：一个在金属工厂工作的年轻人，他没读什么书，初中毕业就去打工了，一天在他下班回宿舍的路上，看见一小块金属，他以为自己看到的是金子，就偷偷地捡了起来，因害怕同事发现，就时常把那块金属带在身上，殊不知结果令人感到悲哀——他的四肢大部分都要截肢，原因在于那块金属是一种放射性的金属。学生听完我讲的这个小故事，他明白了读书是有用的，而且很重要，因为如果那个年轻人学过化学，他就知道那块金属是放射性金属，会知道放射性金属的危害性，从而不会把那块放射性金属带在身上。

选择读书或许不是最好的，却是我们一步步到达成功彼岸的最佳方式。读书不是不劳而获，我们想要取得优异的成绩，就要付出与之成正比的努力与勤奋。虽然我们总会遇到"拦路虎"，可我们没有理由放弃，为了自己，为了明天，为了父母，我们都没有理由放弃。或许，坚持下去，会有出人意料的结果呢！

最后，我想跟大家分享一句韩寒的话："红灯不能照亮你的前途，能照亮你的前途的，只有你的才能！"

读书廊读书

（广东高州中学　曹铭珍）

阅　读

　　"书是人类进步的阶梯"，阅读能增长知识，提高同学们的修养，达到陶冶情操的效果。随着社会经济的发展，人们的生活水平也不断提高。可人们却宁愿花一千元钱在吃不完浪费的餐桌上，也不愿花几十块钱买一本书。造成社会上的人们体态丰满，精神却匮乏得像一个饿汉的尴尬局面。作为祖国未来的希望，肩负民族振兴的重担，我们不但身体要健康，还要提高自己的精神境界，升华灵魂。所以阅读是绝对必要的。于国家层面说是必需的，于自身也是必需的。从阅读中汲取知识，充实自己，铸就未来美好前途。不然，又何来"黄金屋""颜如玉"？

　　同学们，让我们读好书，好读书，携手走向灿烂的人生吧！

阅读丰富底蕴

（广东高州中学　曹铭珍）

独　立

独立，字典里的解释是指单独的站立或者指关系上不依附、不隶属。

而我认为，"独立"不仅仅是离开父母独自生活。首先，人为什么称之为人，是因为人是具有社会性的动物，每个人都是独立的个体。我们生而为人，因具有社会性，我们要学会与人相处、与人交往。一开始，我们都是在父母的陪伴中跌跌撞撞地长大，以前我们离不开父母，总是依赖父母。但是，我们每个人都是独立的个体，没有人能从始至终陪伴我们，我们需自己成长，别人教你什么，你都要去学。

李荣浩有一首歌中的歌词唱道："爸爸妈妈给我的不少不多，足够我在这年代奔波，足够我生活。"我们从爸爸妈妈那里学到的有限，爸爸妈妈能给我们的也有限……我们是独立的，走向社会，一切都要靠自己。我们长大了，爸爸妈妈也该放手了……

毕淑敏说过，我们生来一无所有，所有东西都要靠自己争取。我认为她想表达的是要我们去努力争取，可是我又觉得她说得太过于绝对了，我们从出生开始就承载着爸爸妈妈的太多关爱。后来，我们随着年龄的增长，认识了很多人，结交了很多朋友。人们常说，没有无缘无故的爱，没有血缘关系作为纽带，相遇、相识、相知能成为朋友，都是基于互相付出的爱，都是朋友彼此间的缘分。但是命运能让我们与朋友遇见，命运也可能随时将我们分离。正如金农所说的"故人笑比庭中树，一日秋风一日疏"。生命实在有太多变故了，很多人还没来得及好好珍惜，如父母，如朋友，如身边的人，走着走着就散了。所以，我觉得"独立"还证明着我们要承担起责任，我们是有责任对身边的人好的，因为不知道下次还能不能遇见……

我们都是平凡人，或许生命中很多人彼此都是过客，或许，真的没有人能陪我们到最后，请学会独立。

（广东高州中学　曹铭珍）

责 任

目 标

孔子曾说："士不可以不弘毅，任重而道远。"我们所行的人生路，是由许许多多的责任铺垫而成的，只有责任，才能激发人的潜能，唤醒我们的良知，如果我们逃避了责任，那将会失去生存和发展的机遇，最终被淘汰。

一代大国工匠徐立平，是一位火药雕刻师，他从事火药雕刻工作已经二十余载。在这个极度危险的岗位上，他舍身忘己，全身心地投入工作。他说过："我这一生的责任，就是尽我最大的力量去帮助祖国发展导弹航空事业。"因为长年以同一姿势雕刻火药及火药中毒的后遗症，他的身体向一边倾斜并且头发掉了一半。国家发展，这个如同泰山一样重的责任，徐立平把它扛在肩上。而我们在学习上，又何尝不需要这样呢？

选择了学习，就等同于选择责任。毕淑敏曾说："人生本没有什么意义，人生的意义在于我们要努力去赋予它意义。"在我们的学习生涯中，每天都在探索着前进的方向，有时，我们会想学习的意义是什么？遇到难题时我们也许想放弃，如果我们能改变心境，认识到学习是我们应当肩负起的责任，我们将会有无限大的动力，这股动力将会使我们在逐梦路上越战越勇。

责任，能成就我们。让我们带着责任上路，勇于承担自己的错误；让我们带着责任上路，坚守自己的承诺；让我们带着责任上路，无悔地走好人生的每一步。

（广东高州中学　曹铭珍）

责任感

同学们好！轻轻问大家一个问题：你觉得医生这个职业怎么样？很忙、很累，又没有假期，是吗？那护士呢？科学家呢？消防员呢？老师呢？其实职业不分彼此，职业的平凡与伟大，说白了就是"责任感"三个字。

2018年9月，易烊千玺在他的开学典礼上说过这样一段话："作为未来的艺术工作者，我们的眼睛除了平视或仰视，更应该经常俯视。俯视疾苦和病痛，俯视角落与夹缝。我们看到的除了繁花盛景，还有世间冷暖。我们应该拥有的除了海纳百川的眼界胸怀，还有悲天悯人的创作灵魂。这是演艺人的天职，是艺术工作者的良知。"听完这段话，大家对易烊千玺是不是又有了一个全新的看法？大家都知道易烊千玺与你们年龄相仿，但是他却能站在关注苍生的角度去看这个世界，用他高阔的眼界与博大的胸怀去给这个世界传递正能量，这一责任感，真的十分值得我们学习。

再有，我国的"嫦娥五号"发射成功，这又是中国航天史上一次里程碑式的胜利！

然而，在我们为此感到欢欣鼓舞的时候，我们是否曾去想过航天工作者在这背后所付出的汗水呢？在这里，我想大家必须知道的事实是，在这个竞争异常激烈的世界，各个国家都在争分夺秒研制航天器，目的就是在太空夺得先机。所以说，我国航天工作者身上背负的压力是常人难以想象的，而正是他们赤诚的爱国之心、强烈的责任感与使命感成就了中国航天事业的辉煌！

所以，"责任感"三个字，看似简单，但其隐含的力量却无穷。最后，我想送大家一句话："择一事，终一生！"既然选择了，就要怀着强烈的责任感去做到最好！

（广东高州中学　曹铭珍）

感慨往昔

一个月很短，却足以改变人生；三年很长，也不够弥补过多。

我曾是年级前十的佼佼者，站在绝高的山巅俯瞰众生。可笑的是，我只看到在山脚下抬头仰望的那一部分人，却没有发现在山的另一面不懈攀登的那一部分。于是渐渐地，我放松了自己，降低了对自己的要求，整天嬉笑玩闹，与此同时，我的根基变得不再扎实牢固，我却浑然不觉，当我醒悟过来时，已快跌出前五十，那时我开始慌了，想要止住下滑的颓势，却因基础不够扎实而无力，学习也逐渐变得困难，我尽管竭尽全力，却也只能减缓下滑的速度，无奈地看着自己一步步跌落山巅，跌到我从不曾想过的一百多名。我之后也不断地问自己，为什么会有那样一个糟糕的月份。

后来回想起来才明白，我之前的成绩并不是嬉戏玩闹就能随便得到，而是多年来努力积累的结果。当时心中万念俱灰，差点就要自暴自弃，但是心里却又不甘，既然我能站在山巅一次，那么为什么不能有第二次。我知道重新来过将会十分艰难，但是为了心中的那一口气，我毅然选择了坚持。但是天不遂人愿，这条路是那么的曲折坎坷，我累得筋疲力尽，可成绩几乎没有任何提高。知识到了越学越难的时段，对本已是步履维艰的我来说无疑更是雪上加霜。我的考试成绩越发不理想，却仍有些人火上浇油，在老师面前告我的状，说我痴迷于游戏，通宵玩是家常便饭，老师因告状的人成绩好和宁可信其有不可信其无的心态，自然对我进行批评教育。

后来，我出奇地努力，最终，我再一次重振前十。所以说，如果世界上真的有奇迹，那只是努力的另一个名字。

（广东高州中学　曹铭珍）

青 春

青春啊，一个无比美好的字眼，它承载了多少希望与未来。

我们懵懂冲动，步入了充满阳光、惊喜与挑战的高中时代！其实，从跨进校门的那一刻开始，我们的青春就注定不平凡。

青春的路途中，你我都拥有青春的独特色彩，不同的颜料涂描，不同的希冀，不同的人生之路。青春的赛场上，不应是尔虞我诈；青春的时光中，不应有钩心斗角；青春的脚步里，不容针锋相对。同学朋友间的友谊，在青春盛放之时，更应相互理解、相互信任、相互鼓励、多点关爱与扶持，三年之后，在成人的那一刻，我希望仍有你相伴左右，共同眺望远方。青春之路，最为美好的，不过是友谊。

青春虽拥有激情，但它亦是短暂的。的确，青春不是用来挥霍的，不断奋斗，不断钻研，不停下追逐理想的脚步，不放弃积极向上的态度，汲取知识，了解世间万物，看似遥不可及的梦，也许下一秒，伸手便能触碰。流星闪现，昙花一现，它们终将有辉煌的一瞬，不容置疑，那一瞬将照亮我们的一生。青春在该回忆的时候，应该是沸腾的、绚烂的，不应是唏嘘与无奈。同学们要想青春无悔，必须学会把握今天，虚度时光，终将使青春失去色彩。

高中时代的我们，风华正茂，意气风发。我们珍惜友情，体验师生情，为未来踏出坚实的每一步。奋斗的号角已经吹响，我们应收起松懈，收起懒散，把握每一分、每一秒，积蓄力量，只为有一天能编织成为最美丽的青春之梦。

青春不能永恒，友谊永恒，精神永恒，让我们以最饱满的热情，最刻苦的精神，最昂扬的斗志，最坚韧的毅力，脚踏实地，全力以赴，在三年之后的六月，让生命绽放！

同学们：

青春是一幅流光溢彩的画页，

是一篇激情洋溢的乐章，
是一棵破土而出的嫩草，
我们用汗水与智慧，
播种青春，采撷希望。

（广东高州中学　曹铭珍）

理解父母

今天，给大家讲些稍为沉重的东西。先从一个故事开始：

古代有个叫韩伯愈的人，每次犯错，他的母亲总是很严厉地教训他，甚至还会打他。

当他长大成人后，每次犯错，母亲还是会一样中气十足地教训他。直到有一次，母亲教训他时，他突然放声大哭。母亲很惊讶，几十年来他挨训从未哭过，为什么这次会哭呢？

韩伯愈说："从小到大，母亲打我，我都觉得很痛，但是今天母亲打我，我觉得不痛了。我想是母亲身体越来越虚弱，那我能陪伴母亲的时间也越来越短了。"

的确，当大多数人明白这个道理时，父母可能已经老了，甚至不在了。就像63岁的费玉清，宣布退出娱乐圈时，引起一片哗然。但了解背后真相的人们，却是久久地一片沉默。他在一封信里坦诚地诉说："这么多年来，为了达到更高的境界，我一直在快步向前，却也忽略了欣赏沿途的风景；当父母亲都去世后，我顿时失去了人生的归属。没有了他们的关注与分享，绚丽的舞台让我感到更孤独，掌声也填补不了我的失落……"

一封亲笔信，寥寥数字，不舍的不是舞台，而是永远无法再见的双亲，遗憾的不是鲜花掌声，而是永远无法拥抱的父母。

都说时代变了，我们年轻人，有太多的计划要完成，有太多的梦想要实现。其实许多在外闯荡的人不回家的底气，不是因为没有家，恰恰是家一直在那儿，父母守候着它。

总以为自己还年轻，其实几十年眨眼就过去了，直到有一天父母突然辞世，我们才意识到，还有很多事未做，太迟了。

我想作为子女，最大的懂事，应该是理解父母。

我们的父母可能不完美，但你永远不知道，他们在你看不见的地方，为你做了多少事。

你要开始像他们爱你一样，去爱他们了。

有时候，一个转身就是永远，所以多陪陪他们吧！同学们，请不要错过对父母的感恩，不要后悔"树欲静而风不止，子欲养而亲不待"。

感恩父母

（广东高州中学　曹铭珍　郑香梅）

生活的"减法"

我们生活在快节奏的时代里，我们与他人的认识过程变得更快，一生中会遇到很多人。而每个人都想在这样的社会背景下博得他人的关注，这迫使我们开始学会打扮自我，将自己装扮得只需一眼便能吸引他人的眼球，但若是人人懂得修饰却不知去除矫揉造作，我们必然也就失去了最真实的自我。

为自我增加修饰而让自己变得更好是人的天性，这是趋利避害的一种手段，这正如言辞华丽、辞藻丰富是一类优秀范文的普遍优点，若是将人生比作一道计算题，大多数人喜欢加法，少数人喜欢减法。而去除矫揉造作、冗杂拖沓的过程，就是一道减法题，在人人为一己利益自我矫饰的社会生活中，这一道减法题无疑带来了一抹清新。

换言之，瓶瓶罐罐的化妆品使得好看的皮囊千篇一律，人们为自我添加的修饰也大都如同做菜时常用的盐与糖一样大同小异。修饰是人人可以在自己身上添加的，但去除修饰后的简单真我才是最核心、最独一无二，又无人可取代的，才能万里挑一。

玉经过雕饰加工成了商场柜台里精致昂贵的饰物，但上好的璞玉只需安静地躺于生活给予它的空地也能吸引他人的目光。

大拙之类，当我们去除多余的修饰，学会给生活做减法，方能呈现元华之美本身。

（广东高州中学　曹铭珍　冯金穗）

感恩于心　与爱同行

昨天，是一个特别有意义的日子，你，有所行动吗？

昨天，作为值周老师，我早早地就去了教室，一进教室门，就看到黑板上写了几行字：

温馨提示：今天是母亲节，可别以为是母亲节，就不用考理综卷了！

看到这里，我笑了，我知道，这是一群可爱的、有心的、懂得感恩的孩子写的，懂得感念父母的恩情，让他们不至于在忙碌而紧张的备考中忘了属于父母的节日，感念父母恩情，让他们在奋斗的青春里依然热情不息。

前段时间，北大才女王帆的演讲视频《你陪我长大，我陪你变老》爆红网络，里面有句话直戳泪点，这句话是这样说的：就像所有父母都不愿意缺席子女的成长，我们也不应该缺席他们的衰老！

衰老？当我看到这句话时，我眼里看到的、耳里听到的只剩这两个字！我们的父母非常强悍，小时候总能轻而易举地把我们举起来，当我们犯错时，总会中气十足地训斥我们，这样强悍的父母怎么会衰老呢？然而，时间最是无情物，有一天，他们也会变老，会开始忘记系扣子、绑鞋带，会在吃饭的时候咬不动硬硬的肉，会在梳头的时候手不停地颤抖，当我们慢慢长大，他们会慢慢变老，当我们慢慢强大，他们会慢慢衰弱，其实，在我的内心深处我是拒绝去想这些事情的。

但现实就是现实，轮不到你去逃避和否认，"寸草之心须明示，莫到春晖不再时！"

感恩父母，不仅仅是一声"谢谢"，一句"我爱你"，而是一种说不出口的，在心里装一辈子的债务，其实，不仅仅是父母，我们身边的一切都应如此。

因此，懂得感恩的人无论在哪里，身份如何，财富如何，都会懂得生活的艰辛，也就是说，感恩的人应懂得前后因果关系，懂得自己现在所拥有的一切，都仰仗无数缘分和资源，这些资源包括无数社会关系、环境关系和文化关系的庇佑，所以，学校常常教育大家，要感恩父母、感恩老师、感恩朋友、感恩社会、感恩自然、感恩你所遇到的一切。

感恩，不应只成为挂在嘴边的一个词，而应内化为一种心态、一种素养、一种品质。有了感恩之心，人与人、人与自然、人与社会才会变得更加和谐、更加亲切，我们自身也会因为这种感恩心理的存在而变得更加愉悦和健康。

有人说，优秀是一种习惯，感恩何尝不是一种习惯呢？

愿你感恩常在，幸福长存，愿你感恩在心，与爱同行！

感谢有你

（广东高州中学　曹铭珍）

浓浓尊师意　款款爱生情

同学们，一个人，无论他年幼或年长，地位高或低，成就大或小，都应该铭记老师在自己成长的道路上所花费的心血。

饮水思源，感念师恩！

我们中华民族尊师重教的风尚源远流长。早在春秋时期，孔子的三千弟子，为报师恩，四处奔波，传播仁政思想；北宋时期的杨时，虚心求学，程门立雪；南宋时期的岳飞，一生牢记师父教诲，精忠报国。他们都是后世尊师的典范。尊师，既是尊重知识，也是尊重人才。尊师，是一个民族得以文明进步的保障。

那么，对于一名在校生来说，可以用怎样的行动表达出对老师的尊重呢？

我想，"与师见，乐招呼""老师问，答不缓""恩师言，莫相忘"都是实实在在的尊师。遇见老师，是不是有人连忙低下头假装没看见？有人恨不得找个地缝来躲一下？你们有没有过这样的经历？我想，这样的行为都有些不恰当。师者，所以传道授业解惑也。老师，他们是带着最真诚的祝福陪伴我们成长的一群人。你试想一下，谁能真诚地把你的梦想当成自己的梦想？是老师！谁会把你的健康快乐成长谨记心中并当成自己的责任？是老师！谁既能慷慨地送给你赞美的语言，也能善意地用严厉的话语指出你的错误？是老师！所以，老师就是我们人生的贵人。面对贵人，还怎能是"躲"是"藏"，应该是"笑着迎上去"给予"感激的拥抱"。让这份尊敬不仅停留在心上，还表现在行动上。无论在校园内，还是校园外，见到老师，不藏不怯，开开心心地问声"老师好"。对于老师的提问，积极回应，给出自己最真诚的反馈。把老师的谆谆教诲铭记于心，为学问，做好人，这既是尊重老师，回报老师，也是尊重知识，会得到更多的知识。

雅斯贝尔斯说："教育的本质意味着：一棵树摇动另一棵树，一朵云推动另一朵云，一个灵魂唤醒另一个灵魂。"为了教育事业，老师们以身作则。为把一个知识点讲好，把一个知识面拓宽，把一个道理阐明……他们披星戴月，孜孜不倦。

饮水思源，感念师恩！感谢每一位老师！祝福每一位老师："福履绥之""福履将之""福履成之"！

桃李满天下

（广东高州中学　李文聪）

木桶定律：注重团队中的薄弱环节

"木桶定律"又称"短板理论"。其核心内容为：一只木桶盛水的多少并不取决于桶壁上最高的那块木板，而恰恰取决于桶壁上最短的那一块。这一核心理论还有两个推论：其一，只有桶壁上的所有木板都足够高，那只木桶才能装满水。其二，只要这只木桶里有一块不够高，木桶里的水就不可能是满的。

在一个团队里，决定这个团队战斗力强弱的不是那个能力最强、表现最好的人，而恰恰是那个能力最弱、表现最差的落后者。因为，最短的木板对最长的木板起着限制和制约作用，它决定了这个团队的战斗力，影响这个团队的综合实力。

同样，班集体也是一个团队，别人看这个班集体也不一定能看到这个班集体里面最优秀的，而是看整个集体彰显出的整体优秀，整个集体优秀才是真正的优秀。马卡连柯说："纪律能美化集体。"所以我们应该注重团队精神，积极参与班集体活动，自觉遵守纪律，为建设良好的班集体献上自己的一分力量，创造良好的学习氛围。

（广东高州中学　曹铭珍）

班级团结的重要性

"众人拾柴火焰高""团结就是力量"这些话语都告诉我们团结的重要性。作为一个班集体，要使之发挥出最大的力量，那就必须要团结。不管事情大小，都有人愿意去做。

一个怎样的班级才算团结的班级？我们班同学的表现给出了答案。比如，校运会的时候，我们班有同学要参加比赛，不参加的同学就帮忙打气；有参加跑步的同学，会有同学跟着他跑，还在一边加油助威。最令人感动的是，在两千米的长跑

班级团结力量大

比赛中，为了给长跑队员打气，班长率领了十几个同学把学校搭的那个小舞台给占领了，然后十几个人挤上这只有几平方米的小舞台对着麦克风高唱我们的班歌："向前跑，带着赤子的骄傲……"那一刻是多么令人激动。又如搞卫生时，大家齐心协力，一会儿就完成了任务。再比如在教室里，大家互相监督，认真学习，自觉遵守纪律，全力以赴争取文明班级；还有当同学有困难时，大家互帮互助；过节日时，同学老师会互相送上祝福，等等。

总之，我们犹如生活在一个大家庭里，每一位同学都是家庭成员的一分子，请大家手携手，团结一致，付出努力，为共同营造我们温馨的家而团结奋斗！

（广东高州中学　曹铭珍）

我们的班集体

班集体，一个响当当的名词，赋予了每位同学特异功能。

在日本动漫《日常》里有一句话我非常喜欢："我们一日日度过的所谓日常，其实际也许是接连不断的奇迹。"每个人都有自己的世界，每个世界都是不一样的，但在这个教室，这段时光，那么多的世界出现了一个交集，就在这里，这就是一个奇迹。

我为我们班乐于助人的同学发出赞誉，如校运会同学看比赛的时候，张同学为我们班的运动员写了两天的新闻稿；同学们给运动员准备了很多吃的东西：橘子、饭团和奥利奥，还有同学带了煲仔饭。

我为我们班同学才华横溢而竖大拇指。周记上同学们情感流露的文字让我感受到世界是美好的："我有过一只猫，我失落的时候它会爬上我的膝头。我有一个朋友，我们吃喝玩乐，配合默契。我听过一个故事，恶龙在深渊里沉睡。我的座位靠着窗，楼下小树叶子摇晃，青翠又可爱。后来猫被丢掉了，我没有挽回。朋友不见了，我亦无能为力。一个哲人说：凝视深渊过久，深渊将回以凝视。与恶龙缠斗过久，自身亦成为恶龙。而树枝上的叶子也渐渐变得深红，最后落到地上。正因为固执所以会被追随，正因为温柔所以会被珍惜。正因为是美好所以会有我在身后。当风轻轻撩起发梢，我想要看见她的微笑。"

所以啊，有这样一个优秀的班集体，想做的事情就抓紧去做，现在开始永远不会来不及。清楚自己的无能就努力，努力并不丢人。人时常会走错路，但不应因此而放弃行进。反正都要错，不如高歌奋进，一往无前。失败了无所谓嘲笑，反正根本没有人在意。时刻保持骄傲，只为自己不为任何人。犯错了就认真改正，对不起了就好好道歉。不懂的问题就虚心请教，无法独自战胜，就寻求援助，更要诚恳地说声谢谢你。

同学们，我今天想说的是，我们的光，要比太阳还闪亮，我们的火，要把世界都点燃。这就是我们的班集体。

我们的斗志

集体绽放

（广东高州中学　曹铭珍）

传统文化

先给大家读一则消息：2018年9月11日，著名评书艺术家单田芳先生因病去世，享年84岁。单田芳先生生前是国家级非物质文化遗产继承人，而"单田芳评书"已经成为中国传统文化的一个重要符号，"凡有井水处，皆听单田芳"，他是一代人的成长记忆，人们也以再无"且听下回分解"来哀叹先生的离去，这一方面传递的是对先生的无限敬意，一定意义上也有对传统文化传承的隐忧。

这则消息告诉我们，中华传统文化的传承是个急需思考的问题，像单田芳先生的评书，其实就是传承传统文化的一种形式，可以从儿时听到老，它是精彩的，它是丰富的，在我们的精神方面，它犹如一盏明灯，指引我们前行。所以人们在单田芳先生离开时，才会有着那一份敬意，那一份感激。

但在今天，传统文化被很多人所遗忘。试问，如今听评书的人有多少？学习传统戏曲的又有多少？随着一代又一代大师的离去，真正懂这些的人还有多少？是的，正因如此，人们才会有着再无"且听下回分解"的遗憾，有着对这一行业的发展的担心。传统文化正在慢慢消失，它被忘记了，被丢失了。

同学们，传承传统文化，"路漫漫其修远兮"，要"上下而求索"。这份担忧，这份希冀，明日之中华辉煌，寄托于我之中华儿女，必有传统文化之传承。这份担忧，必不可少。

所以让我们重新认识传统文化对优秀文化的熏陶，学会珍惜，懂得感恩，做个更高雅的人。

（广东高州中学　曹铭珍）

追 星

想问在座的同学有没有喜欢的明星！明星不单单只有演员、歌手、运动员，还包括科学家、政治家、商人甚至身边的亲人、朋友，等等。他们身上的某种东西吸引着我们，成为我们的偶像。

有些人却把自己的偶像当作信仰，特别是在信息、经济高速发展的21世纪。追星的越来越多，同时也产生了一种叫作"追星族"的群体。在大众的眼中，"追星族"是痴迷的、疯狂的，甚至被叫作"脑残粉"。确实，有些人会送价值不菲的名牌（包、甚至是车、房子）给偶像，有些人会花几百万甚至上千万跟明星近距离地吃一顿饭，而在我的思维领域里，我觉得这是不理智的、不可取的追星，我们可以追星，但应该理智一点为好。当然追星并不是百害无一益的，像井柏然写得一手好字，粉丝会向偶像学习，尝试练一手好字；像鹿晗的粉丝会在演唱会之后自觉把垃圾带走，还场馆一个干净。这些都是非常积极向上的明星效应。

所以对待追星一族的追星现象，我们要理解，不要一口否定。你可以不喜欢追星，但也别泼冷水，我们要鲜明地与之交谈，追星也要理智，不可盲目追随，要一分为二，这样既追了星又有益成长。

（广东高州中学　曹铭珍）

一个NBA球星的故事

　　同学们，今天我要与大家分享的是一个NBA球星的故事。他叫林书豪，一名华裔美国人。可能大家并不了解NBA，也不认识林书豪，不过，2012年，他的表现却震撼了整个NBA。2012年，林书豪怀揣着梦想踏入NBA，却在选秀中落选，在NBA中处处遭到冷遇，但他并没有放弃，坚持着自己的梦想。终于，火箭队与他签约，但这就像是一个玩笑，他很快就被裁掉。接着，他遭遇了连续被裁的噩运。最后，他来到了尼克斯队。皇天不负有心人，终于，好运降到了这个年轻人身上，他得到了上场的机会，并且率队取得胜利。没有人预料到这位年轻人接下来的比赛是多么的疯狂，他带队取得七连胜，并且打破了一项又一项的纪录。从此，他闻名于NBA。

　　林书豪之所以能取得成功，与他的坚持脱不了关系。现在，我们离实现我们的梦想只有几步之遥，我们要做的只有坚持，坚持朝自己的梦想迈进，那么成功之门将会为我们开启。

班级球星

（广东高州中学　曹铭珍）

分享十二生肖故事，学做人哲学

有一次，周恩来参加接待一个由欧洲贵族组成的参访团的活动。这些欧洲人非常有学问和修养，待人彬彬有礼，但他们的修养背后隐藏着一种傲慢。

参访最后一天聚餐，可能是酒喝多了，这些贵族的言谈举止变得比较率性。席间，一位德国贵族站起来说："你们中国人，怎么属什么猪啊、狗啊、老鼠啊！不像我们，都是金牛座、狮子座、仙女座……真不知你们祖先怎么想的！"众人听了哈哈大笑，还互相碰杯，先前的优雅完全不见了。

此时，周恩来站起来平和地告诉在场所有外宾，中国人的祖先是很实在的，十二生肖两两相对，体现了我们祖先对中国人全部的期望跟要求。

这时，现场气氛虽然从嬉闹转为安静，但他们脸上还是一副不屑的样子。

周恩来说了下面的话：

"第一组生肖是老鼠和牛。老鼠代表智慧，牛代表勤奋。智慧和勤奋一定要紧紧结合在一起。如果光有智慧，不勤奋，那就变成了小聪明；而光有勤奋，不动脑筋，那就变成了愚蠢。这两者一定要结合。这是祖先对我们第一组的期望和要求，也是最重要的一组。

"第二组生肖是老虎和兔子。老虎代表勇猛，兔子代表谨慎。勇猛和谨慎一定要紧紧结合在一起才能做到胆大心细。如果勇猛离开了谨慎，就变成了鲁莽，而没了勇猛，就变成了胆怯。这一组也非常重要。"

一个中国人看着这些贵族，补上一句："当我们表现出谨慎的时候，千万不要以为中国人没有勇敢的一面。"

看着大家陷入沉思，周恩来继续说出下面的话：

"第三组生肖是龙和蛇。龙代表刚猛，蛇代表柔韧。所谓刚者易折，太刚了容易折断，但是，如果只有柔的一面就易失去主见，所以，刚柔并济是我们的祖训。

"第四组生肖是马和羊。马代表勇往直前，羊代表和顺。如果一个人只顾自己直奔目标，不顾及周围的环境，必然会和周围不断碰磕，最后不见得能达到目标。但是，一个人光顾及和顺，他可能连方向都没有了。所以，勇往直前的秉性，一定要与和顺紧紧结合在一起，这是祖先对我们的期望。

"第五组生肖是猴子和鸡。猴子代表灵活，鸡定时打鸣，代表恒定。灵活和恒定一定要紧紧结合在一起。如果你光灵活，没有恒定，再好的政策也得不到收获。一方面具有稳定性，保持整体和谐和秩序，另一方面才能在变通中前进，这才是最根本的要旨。

"第六组生肖是狗和猪。狗代表忠诚，猪代表随和。如果一个人太忠诚，不懂得随和，就会排斥他人。反过来，一个人太随和，没有忠诚，这个人就失去了原则。无论是对一个民族的忠诚，还是对自己理想的忠诚，一定要与随和紧紧结合在一起，这样才容易保持内心深处的平衡。

"这就是我们中国人一直坚持的外圆内方，君子和而不同。中国人每个人都有属于自己的生肖，有的人属猪，有的人属狗，这意义何在？实际上，我们的祖先期望我们要圆融，不能偏颇。比如，属猪的人能够在他的随和本性中，去追求忠诚；而属狗的人则在忠诚的本性中，去做到随和。"

解释完十二生肖，周恩来说："不知道你们那些宝瓶座啊、射手座啊、公羊座啊，体现了你们祖先哪些期望和要求？也希望不吝赐教。"结果大家都没说话，全场鸦雀无声，一根针掉在地上都能听得见。

优秀成为习惯

最后贵族们纷纷由衷地表示对中国人和中国人的祖先非常敬佩并说："没想到中国的十二生肖有这么多的寓意啊。"

同学们，从十二生肖的故事中，我们要学会智慧和勤奋、勇猛和谨慎并重；刚猛和柔韧、勇往直前和和顺要相互结合；灵活和恒定、忠诚和随和要同时并举。

同学们，行为养成习惯，习惯形成性格，性格决定命运。人无完人，金无足赤，听十二生肖故事，学做人哲学，希望每个同学能在生活中发展自我，完善自我。

（广东高州中学　车　斌）

伟大的失败者

不知道大家对于失败的定义是什么，一次生活中的困难，一次考试的失败，还是一次比赛后的落选，我想说，这些都不是，失败后的颓废才是真正的失败。

李宗伟——一个伟大的失败者。他和林丹在羽毛球界是一个神奇的传说，不朽的神话，又被称为"千年老二"。他和林丹的36次较量，36次的经典，36次的升华，最终，他赢了。可是他没有高兴，在他没有赢林丹前，他说是林丹的存在才让自己的球技更精湛，让自己不断地往高处走，让他在羽毛球界写上了灿烂辉煌的一笔。胜利后，他认为是对手让他成功了，没有对手，怎么会有前进呢？如果李宗伟没有一直坚持，当他第一次输了就放弃，那才是失败，亚军不是失败，是第二名。更何况，他的坚持才真正让人敬佩。如果没有李宗伟，林丹的辉煌或将失色不少，如果没有林丹，李宗伟的坚持或许早已停止，如果李宗伟没有和林丹有36次交手，那么他最后也不会成功。可能在有些人眼里，他可能失败了36次，但在我眼里，他是一位成功者，因为他没有放弃自己。

生活中，其实也没有永远的失败或成功。失败一次，那就站起来一次，那不算失败，只能说是生活的小挫折，只要不被失败打垮就行，跌倒了就站起来，成功还可实现。即使失败，也要做一位伟大的失败者，不放弃，不抛弃。

（广东高州中学　曹铭珍）

跟着三毛去流浪

心若没有个栖息的地方，到哪里都是在流浪！

三毛，披着纱迎着风走来了，一个具有传奇色彩的女性，死在了中华大地上，活在了人们的心里。"三毛"，这个名字为陈平所有，她认为自己的文字只值三毛钱，同时她幼时也酷爱《三毛流浪记》。

三毛出生于书香世家，从小便接受着良好的教育，从小博览群书，有自己的藏书，也有自己的天地。三毛的父亲给她取名"陈懋平"，因为学不会"懋"字，她就自己改名为"陈平"。她十三岁就翘课去小琉球岛玩，初中时逃离学校去读闲书，她讨厌学校里的规章制度，愿意活在书的世界里，活在自己的世界里。三毛语文很好，但数学很差，她不甘心，后来通过熟背公式考了个100分。由于老师出言侮辱，她一气之下便退了学。她的骨子里无不透出一种叛逆的性格。

退学以后她得过自闭症，常常沉浸于自己的小世界，也鲜与人交流。幸而，那种惶恐与不安没有压倒她，她最终走了出来，迎接冬日的阳光。她仍是那个穿起五彩裙和扮鬼脸的她。三毛是自信的、坚强的。

后来长大了的她便去了西班牙留学，带回了荷西——她生命里甚为重要的男人。三毛看到一张撒哈拉沙漠的照片，感应到了前世的乡愁，于是决定搬去住，苦恋她的荷西也跟着去了。然后她和荷西在沙漠结婚了，从此写出一系列风靡无数读者的散文作品，她写她亲爱的"大胡子"，写沙漠的狂野，写异国风情，她在安定的归属中是幸福的！

她是孝顺的也是"不孝"的。她心系父母，却又总是活在自己的世界里，从来没按父母的想法活过，家书不多，陪伴父母的时间也不多，她的一生几乎都是在流浪的，在哪里安定下来之后又提着行李箱四处漂泊，去哪里也少跟父母道个明白，走之前也很少告别，但陈父陈母毕竟是爱三毛、懂三毛的，他们是三毛的依靠，是她心灵的避风港，三毛也只愿意为了他们做个"不死鸟"，三毛说："我知道，只要我活着一天，他们便不委屈我一秒。"

　　毕竟她只是三毛，自由不羁的三毛，潇洒的三毛，她不掺杂、不做作，从来只做真实的自己！

　　而我们，现实中的我们，能是"三毛"吗？不能。最多我们只能跟着三毛的描写去流浪，请珍惜现实中的我们。

慢生活

（广东高州中学　曹铭珍）

从一个经济与生活的案例看浪漫

2016年情人节，网上多家某宝商店推出"萤火虫玫瑰"。在某宝网搜索关键词"萤火虫"，卖家达400多家。其中销量最好的一家在公告中写道："近年来萤火虫慢慢走上热销，变成了中国人求婚示爱，制造浪漫气氛的新兴宝物……"该店铺的活体萤火虫分为4个套餐，50只起卖的套餐销量最好，30天内成交数量过千。

据一些买家称，购买的萤火虫死伤惨重，买了55只，第一晚看到发亮的只有10只，第二天就只剩下2只了。这种制造浪漫买卖萤火虫的行为引发了争议，被称为"最残忍"的情人礼。

浪漫一角

在今天，我们失去的浪漫，岂止是那漫天飞舞的萤火虫？当我们变得如此功利和自私，以至于要靠买几只虫子来营造浪漫，是不是该反思，面对赖以生存的环境，我们人类到底扮演着什么角色？

浪漫，可以有，但不是一味地追求浪漫而湮没了我们人本身存在的社会环境，我们要爱护我们的环境，倘若破坏了环境，人类也会受到影响，这是循环的连锁反应，请同学们重视，从我做起，从爱护环境的小事做起。

（广东高州中学　曹铭珍）

泡菜效应

今天我与大家一同分享心理学中一个很有意义的心理效应。首先，我想问一下同学们是不是都吃过泡菜？那你们是否知道同样的菜，在不同的水和环境中泡出的味道是不一样的，比如用煮沸过的水泡会是酸的，用没有煮沸过的水泡出的又是另一种味道，这就是我想跟大家分享的泡菜效应。

泡菜效应指的就是同样的人在不同的环境中，成长后是不一样的现象。因为人是一种善于学习的动物。我们最熟悉的《孟母三迁》的故事中，孟子每到一处都会效仿邻居的行为，所以说环境对于一个人的成长非常重要。

在现实生活中，由于人在不同的环境里，加上长期的耳濡目染，他的性格、气质、素质和思维方式等各方面都会发生明显的变化，这就像人们常说的"近朱者赤，近墨者黑"，而泡菜效应就是揭示"人是环境之子"的道理，环境对人的成长具有难以抗拒的作用。这时可能会有人提出疑问，那周敦颐怎么说出一句："出淤泥而不染呢？"没错，人的确可以做到，但这是对思维成熟且洁身自好的人而言的，而对于成长中的我们，环境会对我们有着潜移默化的影响。心理学家克劳特曾做过一个实验：他要求一群参加实验者对慈善事业做出捐献，然后根据他们是否有捐献，分别被说成"爱心人士"和"冷漠人士"。过了一段时间后，当再次要求这些人进行捐献时，发现被一直说是"爱心人士"的人捐得更多了，被一直说是"冷漠人士"的人捐得更少了。由此看来，环境对人的影响是多么的大。其实不仅人如此，其他动物、植物也如此，像我们学习生物时讨论的豹子和斑马之间的速度快慢关系，还有学习地理时的那句"橘生淮南则为橘，橘生淮北则为枳"，无不透露出环境对事物的影响之大。

事实上也如此，你是否优秀和你身边的环境有很大的关系。不论是"近朱者赤，近墨者黑"或者是"守好邻，学好邻"，说的都是这个道理。所以同学们不要怪我整天地管纪律，我这是想为你们创造一个好的学习环境，助你们成为优秀人才啊！

（广东高州中学　曹铭珍　涂浩荃）

233

王者荣耀给我的启示

同学们，近来，大家都在谈论王者荣耀，你是怎样看待的？它究竟有何吸引力，你们思考过吗？而王者荣耀却给我带来了无尽的遐思与启示。

现在请大家设想一下，你正在进行着一场5对5的王者峡谷团战。比赛已经开始几分钟了，你闲来无事，一时兴起想要去打主宰，可你忘了你只是一个普普通通的白银段位的跑龙套的，如此自不量力的结果是你"死"了，"死"得一塌糊涂。这告诉我们什么呢？告诉我们在学习上不要自不量力，一味地追求清华北大等大目标，我们要做到结合自身的实际情况去制订可达到的目标，并为之不懈努力。

几十秒后，你复活了。这次，你不再向主宰进发，而是改为向中路的敌方塔的方向前进，并且是盲目地前进。当你路过一片草丛时，突然从草丛中跳出几位大汉拦住了你的去路并不断地向你释放技能。你无处可逃，再次光荣地送了人头，又回到了大本营进入复活期。这又启示了我们什么？启示我们在学习上不要盲目地刷题，一味地追求数量，因为习题上可能会有种种陷阱，若你不留意，套的就是你。我们要做好充分的准备并认真仔细地审题，尽量跳过种种圈套。

又一个几十秒后，你又复活了。这时，比赛已经进行了快1个小时了，你方的防御塔却快要被全部攻陷了。你也失去了获胜的信心，想要挂机了。我劝你不要放弃，要坚持，要有一种"稳住，我们能赢"的信念。就像在学习上一样，即使你遇到了极大的困难，也不要放弃你继续学习下去的信念。要学会遇强则强，无畏艰难。

我相信，只要我们做到不忘初心，勤奋努力，我们都会是自己的MVP（最优秀选手）！王者荣耀。

（广东高州中学　曹铭珍）

有钱和值钱

我们常常会看到一些人腰缠万贯，但他们除了挥霍外什么都不会，这种人"分文不值"。

但值钱的人早晚都会有钱，因为值钱的人有足够的能力，他们不仅可以安身立命，还能积累财富，这样的人甚至连存钱都不需要了。就如那些"王牌"美术大师，要是想赚一些小钱来花，他只需靠自己的能力去画一幅画就足够了。

有钱和值钱是两种不同的概念，一个人与其有钱，不如让自己变得值钱。因为只有值钱的人才能体会到属于自己的成就感。那成就感从何而来？

其实这种特别的成就感来自一个人的付出。如果一个人的付出越多，收获越大，成就感就越高；如果一个人用的不是自己赚来的钱，那么无论他有多少钱花都不会有什么成就感；如果一个人的钱是自己用血汗换来的，那么不管赚了多少，他都会感觉到那份属于自己的成就感。

所以，人们常说，不要把自己变成"储钱罐"，因为储下来的钱一旦花光就没有了，所有人要靠储钱致富难；我们一定要把自己变成"印钞机"，这样你需要的时候，可以随时靠自己的能力去得到，这样将终身受益。

一个人不断努力的过程，就是不断让自己值钱的过程。我们不断地从书籍中、自然中获得知识，不断地提升自己的能力。当别人来求你帮忙的时候，不是因为你有权、有钱，而是因为你有能力。如果越来越多的人来求你，那就说明你越来越有能力，你的价值被众人所肯定，那么，你就会成为一个既值钱又有钱的人。如果你只是想成为一名乞丐，每天只会到处乞食，那么你连山上的猿猴都比不上，那你的生活还有什么意义呢？

总而言之，若你想变得富有，主动让自己变得值钱，就如印钞机一样，需要的时候"印"出来。然而，这需要我们日积月累地将知识转化为自己的能力，才能更好地走在人生之路上。

（广东高州中学 曹铭珍）

我心目中的董明珠

她的一生可以用四个字来概括——苦难辉煌。

为什么说她辉煌呢？又为什么说她苦难呢？

在她30岁时，她的丈夫就去世了，只留下了她和一个2岁的儿子。

她是个强势的女强人，董明珠做企业就像她对待生活一样——一往无前，不留退路。

她在格力的工作起步于一个销售员，但不妨碍她成为格力最耀眼的销售明星。1994年，当时的格力董事长朱江洪将她调回公司最核心的经营部，希望她可以拯救濒危的格力。在她强势带领下，格力从谷底反弹，1995年的时候，格力的总销售额飙升到28亿元。

到了2012年，朱江洪退休，董明珠就被抬上了格力集团董事长、格力电器董事长和总裁的位置，格力就进入了董明珠时代，在董明珠时代的第一年，格力净资产就跨过了千亿的大门。

董明珠在任职期间意识到了自己的短板所在，在这个"互联网"时代，只发展线下实体销售店是不行的，于是她找到了互联网销售龙头马云。2014年"双十一"格力的天猫旗舰店以过亿的销售额高居榜首。

回到我们自己身上，我们可以想一想自己的短板在哪？古往今来，有不少伟人借助自己的短板，越跳越高，达到人生的巅峰。

同时我们也应该增强自己的忧患意识，每年广东理科高考的考生有多少你们了解吗？六十万！我们要记住，你不只是在和我们学校一千多人争个高低，你也是在与六十万考生战斗，希望我们是"董明珠"，有"董明珠"的精神。

（广东高州中学　曹铭珍　邹皓宇）

摇钱树

世上有无摇钱树？可以说没有，也可以说有。说没有是因为物质的大千谱系中，并没有摇钱树这个实际的东西。说有，是因为每个人有自己赚钱的方式，有一棵精神意义上的摇钱树。

农民的摇钱树是锄头，商人的摇钱树是公司，书法家的摇钱树是笔……这棵摇钱树的形象有很多，有的是真实存在的，有的根本看不清摸不着。下面我与大家分享一个关于摇钱树的故事。

很久以前，有个勤劳的农夫，一天在田间劳动，过来一个白发苍苍的老人，给他一颗种子，让他每天挑七七四十九担水浇灌，水里面还要滴七七四十九滴汗珠，快开花时再滴七七四十九天血。这个农夫按照老人的话做了，结果七七四十九天后，种出来的却是摇钱树，一摇就会有铜钱掉下来。后来消息传开了，于是不爱劳动的懒汉便四处去寻找摇钱树，却没找到，就询问农夫哪里有。农夫告诉他："摇钱树，两枝杈，两枝杈上十个芽，摇一摇，金开花，创造幸福全靠它。"你们猜猜是什么呢？原来，农夫说的摇钱树是人的双手，很多东西都要靠双手去创造，用双手辛勤劳动得来的东西才能问心无愧。我们不能抱有不劳而获或少劳多得这种心理，一切都得靠自己。

世界上唯一可以不劳而获的是贫穷，唯一可以无中生有的就是梦境。没有哪件事，不动手就可以实现。世界上很多事情都不可能不劳而获，那些让人羡慕的成就背后，往往是日复一日、夜复一夜的努力；是面对困难时的不退让，坚持自己的目标，勇往直前。正如作家冰心所说："成功的花，人们只惊羡她现时的明艳。然而当初她的芽儿，浸透了奋斗的泪泉……"一分耕耘，一分收获，愿我们都成为更好的自己。

（广东高州中学　曹铭珍　杨　捷）

故事的背后

赵慕鹤，一个称为"台湾全民偶像"的神奇老爷爷，他39岁背井离乡来到台湾，40岁在高雄师大任职，66岁退休，75岁做背包客在海外旅行，当他87岁时，他开始考大学，当旁人质疑他读不完大学时，他却开启老年学霸模式，不仅顺利读完大学，还在98岁时成为全球最老的硕士。100岁时他的书法作品被英国图书馆收藏，之后出自传，做畅销书作家，做义卖，105岁在台湾清华大学中文系旁听，准备再报博士班。一位普通的老爷爷，用一股狠劲，一份坚持，一种努力做出了许多让人不可思议的事。

20世纪90年代，是日本漫画的黄金时期，大师辈出，很多如今被奉为经典的长篇连载就是从那时候开始的。这个时候，有一个年轻人——尾田辍学了。他是一个大一的工科男，他决定放弃学业，去追逐自己的漫画梦。开始，年轻人的工作是帮《七龙珠》画一些无关紧要的小人物，后来经过他的努力，他创作的《One Piece》漫画（中文译名《航海王》），打破了单体漫画发行量的吉尼斯世界纪录，尾田如今靠卖漫画一年赚的钱折算成人民币是10个亿，他在日本漫画界的地位和取得的成就甚至已经超越了自己的偶像乌山明先生。

逐梦的路上坎坷曲折，你不需要得到别人的认可，你一定要相信自己。如果你的朋友向你诉说他的梦想时，尽管你不相信他会成功，但也要给他一点帮助和鼓励。哪怕你给不了他帮助也请不要嘲笑他的梦想，你可以活得很现实，但请不要妨碍别人去逐梦，改变这个世界的从来不是那些按部就班的人而恰恰是那些看着不切实际，实则有目标、有方向地努力的人才能取得最后的成功。

丰子恺说过："你若成长，事事可成长。不是世界选择了你，是你选择了世界。"每个人的青春或人生都不会一帆风顺，不管坦途还是陡坡，平川或险滩，迈稳步子跨过去，就是为别样的人生多写了一笔，所以趁青春，做时间的朋友，不虚度，不涣散，奋斗一生。

（广东高州中学　曹铭珍）

参 考 文 献

［1］魏书生.班主任工作漫谈［M］.桂林：漓江出版社，2008.

［2］李镇西.爱心与教育［M］.桂林：漓江出版社，2008.

［3］李镇西.做最好的班主任［M］.桂林：漓江出版社，2008.

［4］张仁贤，徐红梅.树立教师威信的秘诀［M］.北京：世界知识出版社，2014.

［5］张仁贤，郑辉.带班常见问题与处理［M］.北京：世界知识出版社，2014.

［6］张仁贤，赵东梅.课堂突发事件处理与巧妙生成［M］.北京：世界知识出版社，2014.

［7］张仁贤，徐光艳.如何做好学生的心理医生［M］.北京：世界知识出版社，2014.

［8］张仁贤，刘焕新.如何赏识和激励学生［M］.北京：世界知识出版社，2014.

［9］雷夫·艾斯奎斯.第56号教室的奇迹2：点燃孩子的热情［M］.北京：光明日报出版社，2015.

［10］贾高见.小班级　大教育［M］.北京：世界图书出版公司，2018.

［11］钟杰.一个学期打造优秀班集体［M］.福州：福建教育出版社，2017.

［12］劳凯生.教育学［M］.天津：南开大学出版社，2003.

［13］田恒平.中小学班级常规管理［M］.上海：华东师范大学出版社，2008.

［14］郑晓边.高考心理辅导［M］.合肥：安徽人民出版社，2008.

［15］王晓春.做一个专业的班主任［M］.上海：华东师范大学出版社，2008.

［16］苏霍姆林斯基.育人三部曲［M］.北京：人民教育出版社，1998.

［17］苏霍姆林斯基.给老师的建议［M］.北京：教育科学出版社，1984.

［18］陶行知.陶行知教育文集［M］.成都：四川教育出版社，2007.

［19］杨兵.魅力班会是怎样炼成的［M］.北京：中国轻工业出版社，2010.

［20］冯卫东，吴联星.当代中学生最需要的主题班会［M］.南京：江苏教育出版社，2010.

［21］王先营.浅谈教育中的批评艺术［J］.才智，2012（7）.

［22］叶锡健.无痕的批评［J］.师道，2005（5）.

［23］张树林.刍议教师的语言艺术［J］.吉林教育（教科研版），2007（4）.

［24］陈婷.批评如苦药　但须了无痕［J］.新课程研究（基础教育），2006（6）.

［25］曹海霞.把握好批评的尺度［J］.河南教育（基教版），2009（10）.

［26］万美英.如何把握好批评的尺度［J］.中国教育研究论丛，2006（6）.

［27］王欣悦.榜样教育的心理学分析［J］.北方文学（下旬），2012（11）.

［28］田冰冰.班主任怎么改善沟通的有效性？［J］.班主任之友（小学版），2016（6）.

［29］郑立平，马爱娥.优秀班主任的成长规律［J］.班主任之友，2008（5）.

［30］杨清源.带好班　班好带　好带班——成功班主任的三重境界［J］.班主任，2011（12）.

［31］刘永寿.飞速发展的社会对教育的挑战——新型的班主任工作专业素养［J］.中华少年，2018（1）.